Viktor E. Frankl, geboren 1905, war Professor für Neurologie und Psychiatrie an der Universität Wien und Professor für Logotherapie u. a. in San Diego, Kalifornien. Er war Inhaber von 29 Ehrendoktoraten, und seine Bücher wurden in 22 Sprachen übersetzt. Die Erinnerungen an seine Zeit im Konzentrationslager – *… trotzdem Ja zum Leben sagen* – haben seit Erscheinen 1946 Millionen von Lesern bewegt. Viktor E. Frankl starb 1997 in Wien.

*… trotzdem Ja zum Leben sagen* in der Presse:

»Dieses meisterhafte Werk gehört zum kostbaren Bestand jener säkularen Literatur, in der die Grundwahrheiten unseres Jahrhunderts manifest werden.«
*deutschland-berichte*

VIKTOR E. FRANKL

# ... TROTZDEM JA ZUM LEBEN SAGEN

Ein Psychologe erlebt das Konzentrationslager

PENGUIN VERLAG

MIX
Papier | Fördert gute Waldnutzung
FSC® C014496

Penguin Random House Verlagsgruppe FSC® N001967

17. Auflage

in der Penguin Random House Verlagsgruppe GmbH,
Neumarkter Straße 28, 81673 München
produktsicherheit@penguinrandomhouse.de
(Vorstehende Angaben sind zugleich
Pflichtinformationen nach GPSR.)

Umschlag: bürosüd
Umschlagmotiv: Getty Images/artpartner-images
Druck und Bindung: GGP Media GmbH, Pößneck
Printed in Germany
ISBN 978-3-328-10277-9
www.penguin-verlag.de

# Inhalt

# Vorwort

## *Bekenntnis zu Viktor Frankl*

Die Wiener Hofburg hat in unserem heutigen Bewußtsein ebensowenig mit dem Hof zu tun wie das Wiener Burgtheater mit einer Burg.

Von einem neuen Jahrhundert längst säkularisiert, republikanisiert, beherbergt die Wiener Hofburg staatliche Sammlungen, Abteilungen der Universität, Vereinskanzleien, sogar Privatwohnungen; sie ist Schauplatz von Kongressen, hat Säle für Ausstellungen, Konzerte und Vorträge.

Bei der alljährlich hier abgehaltenen österreichischen Buchwoche erhielt im Herbst 1976, ein Jahr nach Konrad Lorenz, Viktor Frankl in einem festlich gestimmten, strahlend erleuchteten Saal der Hofburg den Donauland-Preis für sein Lebenswerk.

Zwei Aspekte gaben diesem Abend von der Vergangenheit her besondere Bedeutsamkeit.

Im Konzentrationslager, in extremer trostloser und hoffnungsloser Situation fand Viktor Frankl Trost und Hoffnung im Vorgriff auf die Zukunft. »Da stellte ich mir vor, ich stünde an einem Rednerpult in einem großen, schönen, warmen und hellen Vortragssaal und sei im Begriff, vor einer interessierten Zuhörerschaft einen Vortrag zu halten unter dem Titel Psychotherapeutische Erfahrungen im Konzentrationslager und ich spräche gerade von alledem, was ich – soeben erlebte.«

Und nun stand er in diesem großen, schönen, warmen und hellen Saal und sprach. Nicht nur seine therapeutisch prophetische Phantasie, auch seine Lehre war triumphal bestätigt: Er konnte diesen Abend erleben, weil er ihn im Geist vorwegnehmend damals erlebt hatte.

Der Augenblick hatte aber gerade in dieser Hofburg auch Sinn weit über das Persönliche hinaus.

Solange hier die Kaiser Hof gehalten hatten, hatten sie für alles, was rund um sie an Geist und Kunst geblüht hatte, nicht Augen und Ohren gehabt. Das offizielle kaiserlich-königliche Wien hatte insbesondere an dem großen Aufbruch in das zwanzigste Jahrhundert achtlos, indifferent, stumpf vorbeigelebt. Kaiser Franz Josef I. hatte das Neue nur zur Kenntnis genommen, indem er an dem von Adolf Loos erbauten, herrlichen neuen Haus am Michaelerplatz, das er von den Fenstern seiner Burg aus sehen konnte, Anstoß genommen hatte.

Die Welt hat inzwischen sehen gelernt, was der Kaiser nicht sehen wollte, sie sieht insbesondere in der Stadt Wien, seit sie nicht mehr Kaiserstadt ist, eine Hauptstadt der Tiefenpsychologie und Psychotherapie. Und so machte die Wiener Hofburg an Viktor Frankl gut, was sie Sigmund Freud, und nicht nur ihm, als Kaiserburg vorenthalten hatte.

Für Viktor Frankl kam die zweifache Wiener-Gutmachung spät; ihm gegenüber waren manche Unterlassungen zu sühnen. Denn nicht nur Kaiser haben bei uns große Geister unterschätzt und ignoriert.

Es hatte, dreißig Jahre vorher, verheißungsvoll begonnen. In einem unterirdischen kleinen Theater wurde 1946 eine Diskussion veranstaltet. Ein Mann, den keiner kannte, erschien auf der Bühne. Ich sehe ihn vor mir. Er war klein, unterernährt wie wir alle damals. Er sprach, und die Anwesenden spürten die Bedeutsamkeit des Augenblicks. Er zitierte aus einem Buch, das demnächst erscheinen würde: aus der »Ärztlichen Seelsorge«.

An diesem Abend, in diesem Augenblick, schien sich Viktor Frankls Wiederkehr in das Wiener Geistesleben zu vollziehen.

Seit jenem Abend bin ich mit ihm befreundet. Ich erlebte aus der Nähe seine vielversprechenden neuen Anfänge in der unmittelbaren Nachkriegszeit, die ja auf vielen Gebieten vieles versprach, was die Folgezeit so oft nicht gehalten hat.

Viktor Frankl wurde Dozent, später Professor, er wurde Leiter einer Klinik für Neurologie und Psychiatrie, er setzte jene Karriere fort, die der März 1938 so grausam und tragisch unterbrochen hatte. Er war angesehen, er war bekannt ..., aber Wien hat es auch ihm, wie so vielen, schwer gemacht. Dies erweist unter anderem die Geschichte der beiden Arbeiten, die in diesem Buch vereinigt sind, die nach drei Jahrzehnten dorthin zurückkehren, wo sie geschrieben wurden. Und die letzte Station der Reise ist charakteristischerweise ein Münchener, kein Wiener Verlag.

Die erste Auflage des Konzentrationslager-Berichts (dreitausend Exemplare), in einem Wiener Verlag erschienen, war verkauft. Die zweite Auflage blieb liegen. Ein Dutzend Jahre später erschien in Amerika die englische Ausgabe, erlebte mehr als fünfzig Auflagen, wurde mehrfach »Buch des Jahres« und hat die Zweimillionengrenze überschritten. In fast alle denkbaren Sprachen wurde das Buch übersetzt ... In Wien war Frankl bekannt, er war angesehen. Er durfte sich nicht verkannt fühlen, aber ihm war, als hätte er vielen um vieles mehr zu sagen, als sie ihn in Wien sagen ließen.

Ich war ihm in den ersten Jahren nach dem Krieg sehr nahe und wage es deshalb, an dieser Stelle ein Bekenntnis zu ihm abzulegen – nicht zu dem Arzt, dem Psychologen, dem Philosophen, dem Akademiker, sondern zu der weithin sichtbaren Institution, zum Präzeptor, der er in Wien hätte werden müssen, der er für mich damals geworden und seither geblieben ist. Ich will ihm für vieles danken, das ich ihm verdanke. Manche seiner Gedanken sind in mein Denken eingegangen, manche seiner Termini in mein Vokabular. Ich wäre oft in Verlegenheit ohne seinen Begriff der »Einstellung«, den ich von ihm gelernt habe.

Diesen Dank allein könnte ich allerdings auch in einem Brief abstatten. Da nun aber hier, endlich, zwei seiner persönlichsten Texte vereinigt und dem Leser deutscher Sprache vorgelegt sind, ist ein Dank besonderer Art fällig, wenn nicht überfällig.

Viktor Frankl hat gelebt, was er lehrt. Er kam aus der Hölle zurück in seine Vaterstadt, er hatte seine Eltern, seinen Bruder, seine Frau, er hatte alles verloren – doch er war frei von allen Impulsen der Rache, der Vergeltung. Nur ganz wenige, die aus den Lagern, aus dem Exil zurückkamen, waren wie er. Er war alsbald wieder, was er gewesen war: ein Wiener Arzt. Er leugnete, von Anfang an, die Kollektivschuld, er betonte immer wieder die positiven Ausnahmen von der unmenschlichen Regel. Er sah das Gute, das ihm und manchem seinesgleichen geschehen war, und überwand dadurch das vielfache Böse. Er »machte gut, was andere verdarben«. Seine Landsleute hatten ihn erniedrigt, gequält ..., er vertauschte das Lager-Gewand mit dem weißen Mantel des Arztes und half ihnen als ärztlicher Seelsorger.

Es läßt sich kaum eine christlichere Haltung als jene dieses »Nichtariers« – und Nichtchristen – denken. Er predigte und verwirklichte den Sinn des Lebens, an den er noch in der äußersten Todesnähe unbeirrbar geglaubt hatte.

Sein Buch ist in der ganzen Welt verbreitet, aber angesichts der damaligen Absperrungen kaum zu einem einzigen Leser deutscher Sprache außerhalb Österreichs gelangt. Es hat den Originaltitel der Erstausgabe in veränderter Zeit zum Untertitel werden lassen. Denn die Konzentrationslager Hitlers und Himmlers sind heute historisch, sie sind nur ein Beispiel für vielfache andere, neuere Höllen; und wie Viktor Frankl seine Lager-Zeit überwand, das ist inzwischen anwendbar geworden auf viele nicht nur deutsche Situationen, die Zweifel am Sinn des Lebens nahelegen.

Der neue Titel kommt von einer Vortragsreihe, die Viktor Frankl in einer Wiener Volkshochschule hielt und als Broschüre veröffentlichte. Er bedarf der Erklärung.

Dr. Friedrich Löhner-Beda war ein Wiener Literat, hatte mit zeitkritischen Versen begonnen, die populär geworden waren, hatte im Ersten Weltkrieg patriotische Gedichte publiziert, wurde Operettenlibrettist und hat vor allem für Franz Lehár gearbeitet (»Friederike«, »Das Land des Lächelns«). Aus dem Monarchisten war ein leidenschaftlicher Zionist geworden. 1938 kam er in ein Konzentrationslager, und dort ist er zugrunde gegangen. In Buchenwald schrieb er den Text eines Buchenwald-Liedes, das ein anderer Wiener Häftling vertonte, ein erschütterndes Dokument, dessen populär eingängige Verse im Marschrhythmus zur Haltung aufrufen und den Glauben an die Befreiung predigen. In diesem Text findet sich die Zeile »Wir wollen trotzdem Ja zum Leben sagen«.

Und dieses Trotzdem-Ja ist auch die Botschaft der »metaphysischen Conférence«, die hier zum erstenmal in Buchform und mit dem Namen des Autors vorliegt.

Sie ist im Lager erlebt und vage konzipiert worden. Ein Jahr nach der Befreiung stieg die Idee aus den Tiefen des Bewußtseins auf – Viktor Frankl schrieb den Text in ein paar Stunden nieder, in einem Atem gleichsam, als würde er ihm diktiert.

Einige Tage später las er seine dramatische Phantasie einigen Freunden vor. Ich war dabei. Ich will nicht vergleichende Literaturwissenschaft betreiben und Querverbindungen zu früheren und späteren verwandten Formen des Theaters bloßlegen. Ich fand und finde in diesem auch literarisch bemerkenswerten Text ein document humain erster Ordnung – und ich kann nicht umhin, die Identität des Engels mit dem SS-Mann in die Nähe von Dostojewskijs Großinquisitor zu rücken.

Frankl hat den Text damals auch einem Innsbrucker Freundeskreis vorgelesen. Ludwig von Ficker, Herausgeber des »Brenner«, der große, verehrungswürdige Trakl- und Kraus-Freund, lernte ihn kennen und erbat sich das Manuskript, das er 1948 in seiner Zeitschrift abdruckte. Nur wer weiß, wer Ludwig von Ficker gewesen ist, kann die ganze Bedeutsamkeit dieser Ehrung eines Zeitgenossen und seiner Botschaft ermessen. Frankl wählte für den »Brenner« das Pseudonym Gabriel Lion – eine Verbindung des Vornamens seines Vaters mit dem Mädchennamen seiner Mutter.

Eine Aufführung, zumindest eine Sendung als Hörspiel, um die ich mich bemühte, war damals leider nicht durchzusetzen. Sie wäre aufgrund dieser Wiederkehr dringend erwünscht!*

Die letzten Jahre haben Frankl für vieles entschädigt, was er durch seine Heimat erleiden und was er in seiner Heimat versäumen mußte. Er ist Vortragsgast in allen fünf Konti-

---

* Inzwischen hat das Stück zahlreiche Aufführungen erlebt. Die erste Bühnenproduktion – nämlich die Aufführung einer von Joseph Fabry besorgten englischen Übersetzung – erfolgte in der kalifornischen Universitätsstadt Berkeley. Es folgten Aufführungen in Norwegen, Österreich, Deutschland und Schweden sowie szenische Lesungen, Hörspielproduktionen und eine Verfilmung.

nenten, mehrfacher Ehrendoktor, er hatte in Wien eine Gemeinde, er hat nun in aller Welt Schüler, Hörer, Jünger, Bewunderer. Sein Leben ist erfüllt, sein Wirken erfolgreich und weltweit anerkannt.

Auf den Seiten, die hier folgen, aber gibt er uns mehr. In dialektischer Spannung wird aus einem Stück Leben und einem Theaterstück das neue, zeitgemäße Gleichnis von der Größe des Menschen in seiner Schwäche, vom göttlichen Ursprung des Leidens.

Maria Enzersdorf, im Juni 1977

*Hans Weigel*

# Ein Psychologe erlebt das Konzentrationslager

Der toten Mutter

# Ein Psychologe erlebt das KZ

## *Der unbekannte KZler*

»Ein Psychologe erlebt das Konzentrationslager.« Es handelt sich sonach um eine Erlebnisschilderung, also weniger um einen Tatsachenbericht; die Erlebnisseite dessen, was so tausendfältig von Millionen erfahren wurde, soll hier dargestellt werden: das Konzentrationslager »von innen gesehen« – vom Standort des unmittelbar Erlebenden. Nicht den großen Greueln gilt daher diese Darstellung – jenen Greueln, die ohnehin schon vielfach geschildert wurden (ohne deshalb allenthalben auch geglaubt worden zu sein) –, sondern den vielen kleinen Qualen oder, mit andern Worten, der Frage: Wie hat sich im Konzentrationslager der Alltag in der Seele des durchschnittlichen Häftlings gespiegelt?

Vorweg sei gesagt, daß die Erlebnisse, auf die sich die folgenden Zeilen beziehen, sich weniger mit Vorgängen in den berühmten, großen Lagern befassen, als mit solchen in den berüchtigten Filiallagern, den Dépendancen der größeren. Es ist aber bekannt, daß gerade diese kleineren Lager ausgesprochene Vernichtungslager waren. Es ist also hier nicht die Rede vom Leiden und Sterben der großen Helden und Märtyrer, vielmehr von den »kleinen« Opfern und vom »kleinen« Tod der großen Masse. Nicht damit werden wir uns zu beschäftigen haben, was der jahrelange Capo oder der eine oder andere »prominente« Häftling zu erdulden hatte bzw. zu erzählen weiß, sondern mit der Passion des »unbekannten« Lagerinsassen. Auf ihn, auf den gewöhnlichen

Häftling, der keine Armbinde trug, haben zum Beispiel die Capos herabgesehen. Während er hungerte, bis er verhungerte, ist es den Capos zumindest ernährungsmäßig nicht schlecht gegangen, ja so manchem Capo sogar viel besser als je zuvor in seinem ganzen Leben. Psychologisch, charakterologisch sind diese Capo-Typen daher auch eher so zu beurteilen wie die SS bzw. die Lagerwache; ihr hatten sich die in Frage stehenden Menschentypen psychologisch und soziologisch assimiliert, mit ihr hatten sie kollaboriert. Oft genug waren die Capos »schärfer« als die Lagerwache und stellten die ärgeren Peiniger der gewöhnlichen Häftlinge, schlugen z.B. manchmal viel mehr auf sie ein als selbst die SS. Wurden doch von vornherein im allgemeinen nur solche Häftlinge zu Capos gemacht, die zu derartigem Vorgehen eben taugten, bzw. sofort abgesetzt, sobald sie in diesem Sinne nicht »mittaten«.

## *Aktive und passive Auslese*

Der Außenstehende, der niemals selber in einem Konzentrationslager war, der Uneingeweihte, macht sich überhaupt gewöhnlich ein falsches Bild von den Zuständen im Lager, wenn er sich das Lagerleben gleichsam sentimental vorstellt und irgendwie verniedlicht, verharmlost sieht, insofern er vom harten gegenseitigen Kampf ums Dasein nichts ahnt, der gerade in den kleineren Lagern auch zwischen den Häftlingen tobte. In diesem Kampf um das tägliche Brot oder um die Lebenserhaltung und -rettung geht es nur allzu oft hart zu; schonungslos wird da für die eigenen Interessen gekämpft, seien es nun die persönlichen oder die eines engsten Freundeskreises. Nehmen wir etwa an, es steht ein Transport bevor, der eine bestimmte Zahl von Lagerinsassen in ein anderes Lager bringen soll – angeblich; denn man vermutet, und nicht mit Unrecht, daß »es in Gas geht«, daß der betreffende Transport, sagen wir: von kranken oder schwachen Leuten, eine sogenannte Selektion vorstellt, d.h. daß eine Auswahl von arbeitsunfähigen Häftlingen getroffen wird, die zur Vernichtung in einem mit Gaskammern und Krematorium ausgestatteten, großen, zentralen Lager bestimmt sind. In diesem Augenblick entbrennt nun der Kampf aller gegen alle, bzw. gewisser Gruppen oder Cliquen untereinander. Jeder sucht sich oder die ihm irgendwie Nahestehenden zu schützen, vor dem Transport zu sichern, bzw. aus der Transportliste im letzten Augenblick noch »herauszureklamieren«. Daß für jeden einzelnen, der hierbei davor gerettet wird, vertilgt zu werden, ein anderer einspringen muß, ist allen klar. Geht es doch im allgemeinen um eine Zahl, um die Zahl von Häftlingen, die den Transport ausfüllen müssen. Jeder stellt dann buchstäblich nur eine Nummer dar; auf der Liste scheinen ja eigentlich nur die Häftlingsnummern auf. Bedenken wir doch, daß beispielsweise in Auschwitz, wenn gleich bei der Aufnahme alle Habe dem Häftling abgenommen wird und er so auch ohne jedes Dokument dasteht, jeder die Möglichkeit hat, sich einen beliebigen Namen, Beruf usw. beizulegen, eine Möglichkeit, von der aus verschiedenen Gründen auch reichlich Gebrauch gemacht wird. Was allein feststeht (in den meisten Fällen in Form einer Tätowierung) und die Lagerbehörden daher einzig interessiert, ist die Häftlingsnummer. Keinem Wachtposten oder Aufseher würde es einfallen, wenn er einen Häftling »zur Meldung bringen« will – was meist wegen »Faulheit« erfolgt –, seinen Namen abzuverlangen; er schaut vielmehr bloß auf die Nummer, die jeder Häftling an bestimmten Stellen von Hose, Rock und Mantel vorschriftsmäßig angenäht tragen muß, und notiert sie (ein wegen seiner Folgen nicht wenig gefürchtetes Geschehnis).

Kehren wir nun zu dem Falle eines bevorstehenden Transports zurück! Zu abstrakt-moralischen Überlegungen hat der Häftling in dieser Situation weder Zeit noch Lust. Jeder denkt nur daran, für die Seinen, die daheim auf ihn warten, sich am Leben zu erhalten und diejenigen aus dem Lager, mit denen er sich irgendwie verbunden fühlen mag, zu sichern. Er wird daher bedenkenlos einen andern, eine andere »Nummer«, in den Transport einreihen lassen.

Aus dem oben Angedeuteten geht bereits hervor, daß die Capos eine Art negativer Auslese darstellten: nur die brutalsten Individuen taugten zu diesem Posten – wobei wir von Ausnahmen, die es glücklicherweise natürlich auch hier gab, bewußt absehen. Aber neben dieser von der SS getroffenen, sozusagen aktiven Auslese gab es auch noch eine passive: Unter den Lagerinsassen, die sich viele, viele Jahre in Lagern aufhielten, von einem Lager in das andere und schließlich insgesamt in Dutzende von Lagern gebracht wurden, konnten sich im Durchschnitt nur jene am Leben erhalten, die in diesem Kampf um die Lebenserhaltung skrupellos waren und auch vor Gewalttätigkeit, ja sogar nicht einmal vor Kameradschaftsdiebstahl zurückschreckten. Wir alle, die wir durch tausend und abertausend glückliche Zufälle oder Gotteswunder – wie immer man es nennen will – mit dem Leben davongekommen sind, wir wissen es und können es ruhig sagen: *die Besten sind nicht zurückgekommen.*

## *Der Bericht des Häftlings Nr. 119 104: Ein psychologischer Versuch*

Wenn hier von der »Nummer« 119 104 der Versuch unternommen wird, eine Schilderung dessen zu geben, was dieser

Häftling »als Psychologe« im Konzentrationslager erlebte, dann muß von vornherein bemerkt werden, daß er im Konzentrationslager natürlich nicht »als Psychologe« tätig war, ja nicht einmal als Arzt (außer in den letzten Wochen). Dies ist um so wichtiger, als es ja nicht um eine Darstellung seiner persönlichen Lebensweise geht, sondern der Weise, in der eben der gewöhnliche Häftling das Lagerleben erlebte. Und ich sage nicht ohne Stolz, daß ich nicht mehr als solch ein »gewöhnlicher« Häftling – eben nichts als die bloße Nr. 119 104 war. Die meiste Zeit war ich als Erdarbeiter und beim Bahnbau als Streckenarbeiter beschäftigt. Während einige wenige Kollegen das Glück hatten, in halbwegs geheizten, improvisierten Ambulanzen mit Papierabfällen Verbände zu machen, habe ich beispielsweise einmal ganz allein unter einer Straße einen Tunnel (für Wasserleitungsrohre) gestochen. Auch das war für mich nicht unwichtig – in Anerkennung dieser meiner »Leistung« habe ich nämlich kurz vor Weihnachten 1944 zwei sogenannte Prämienscheine bekommen. Das sind Scheine, die von der Baufirma ausgegeben wurden, an die wir als Arbeitssklaven vom Lager aus buchstäblich verkauft wurden (die Firma mußte pro Tag und Häftling der Lagerverwaltung eine bestimmte Summe zahlen); ein Prämienschein kostete die Firma fünfzig Pfennige und wurde, freilich zumeist erst nach Wochen, im Lager gegen sechs Zigaretten eingelöst. Und nun war ich im Besitz des Gegenwertes von zwölf Zigaretten! Zwölf Zigaretten bedeuteten aber zwölf Suppen und zwölf Suppen nur allzu häufig eine wirkliche Lebensrettung vor dem Hungertode, für beiläufig zwei Wochen. Die Zigaretten aufzurauchen, konnte sich nur ein Capo, der seine garantierten paar Prämienscheine pro Woche hatte, oder ein Häftling leisten, der einer Werkstatt oder einem Magazin im Lager vorstand und für gewisse Gegenleistungen mit Zigaretten belohnt wurde. Alle übrigen, die gewöhnlichen Häftlinge, pflegten Zigaretten, in deren Besitz sie auf dem Wege über Prämienscheine und somit über lebensgefährliche zusätzliche Arbeitsleistungen kamen, in Nahrungsmittel umzusetzen, außer sie hatten es aufgegeben, weiterzuleben, hatten ihre Situation für aussichtslos angesehen und beschlossen, die letzten Lebenstage, die ihnen noch zur Verfügung standen, zu »genießen«: wenn ein Kamerad einmal begann, seine paar Zigaretten selber zu rauchen, dann wußten wir, daß er nicht mehr daran glaubte, weitermachen zu können – und es dann auch tatsächlich nicht konnte.

Soviel zur Rechtfertigung und Erklärung dessen, was der Buchtitel besagt. Fragen wir uns aber nunmehr nach dem eigentlichen Sinn eines solchen Unternehmens, wie dieser Bericht es darstellt. Tatsachenberichte über die Konzentrationslager sind ja schon in genügender Anzahl erschienen. Hier sollen jedoch Tatsachen nur insofern vorgebracht werden, als das Erlebnis eines Menschen jeweils das Erlebnis tatsächlichen Geschehens ist; dem Erlebnis als solchem jedoch gelten die folgenden psychologischen Bemühungen. Ihr Sinn ist ein doppelter, je nachdem, ob der Leser das Konzentrationslager und das Leben daselbst aus eigenem Erleben kennt oder nicht. Für die erstere Gruppe von Lesern soll hier das, was sie selber tatsächlich erlebt haben, mit den zur Zeit zur Verfügung stehenden wissenschaftlichen Methoden zu erklären versucht werden; für die zweite Gruppe aber soll das, was der ersteren erklärbar ist, verstehbar werden. Es wird also darum gehen, auch dem Außenstehenden das Erlebnis der andern verständlich zu machen, die Erlebnisweise des Häftlings verstehen zu lassen und so schließlich um Verständnis zu werben für den nur allzu geringen Prozentsatz der überlebenden ehemaligen Häftlinge, für deren eigenartige und, psychologisch gesehen, etwas durchaus Neuartiges darstellende Einstellung zum Leben. Denn diese ist nicht so ohne weiteres verständlich; hören wir doch die betreffenden Menschen immer wieder sagen: »Wir sprechen nicht gerne über unser Erlebnis: wer selber in einem Lager war, dem brauchen wir nichts zu erklären; und wer es nicht war, dem werden wir nie begreiflich machen, wie es in uns ausgesehen hat – und wie es auch jetzt noch in uns aussieht.«

In methodischer Beziehung stellen sich einem derartigen psychologischen Versuch allerdings gewisse Schwierigkeiten. Psychologie erfordert wissenschaftliche Distanz. Hat aber nun derjenige, der das Lagerleben selber erlebt hat, überhaupt oder gar während des Erlebens, zur Zeit also, da er seine einschlägigen Beobachtungen machen mußte, die nötige Distanz? Der Außenstehende hatte die Distanz, aber er hat auch schon zu viel Distanz, steht zu sehr außerhalb des Erlebnisstromes, um irgendwelche gültigen Aussagen machen zu können. Wer aber »mittendrin« stand, hat zwar vielleicht zu wenig Distanz, um ein ganz objektives Urteil abgeben zu können –, er allein aber weiß um das in Frage stehende Erlebnis. Natürlich ist es nicht nur möglich, sondern nachgerade wahrscheinlich, daß der Maßstab, den er an die Dinge anlegt, gleichsam selber verzerrt ist. Dies läßt sich nicht ausschalten. Nur wird es darauf ankommen, zu versuchen, das sozusagen Private aus der Darstellung womöglich auszuschließen, wo aber nötig – auch den Mut zu einer persönlichen Darstellung des Erlebens aufzubringen. Denn die eigentliche Gefahr einer solchen psychologischen Untersuchung liegt ja nicht darin, daß sie eine persönliche Tönung erfährt, sondern nur darin: daß sie eine tendenziöse Färbung erhält. Ich kann es daher ruhig andern überlassen, das hier

Vorgebrachte nochmals und gleichsam bis zur Unpersönlichkeit zu destillieren und so aus dem hier dargebotenen Extrakt subjektiver Erlebnisse objektive Theorien herauskristallisieren zu lassen.

Die psychologischen Theorien, um die es sich hierbei handeln mag, würden als Beiträge zu einer Psychologie bzw. Psychopathologie der Haft gehören, wie sie ja seit Jahrzehnten bereits vorliegt. Beiträge zu ihr hat bekanntlich schon der Erste Weltkrieg geliefert. Hat er uns doch mit dem Krankheitsbild der »Stacheldrahtkrankheit« (barbed wire disease) erstmalig bekanntgemacht, jener krankhaften seelischen Reaktion, die in Kriegsgefangenenlagern zu beobachten war. Dem Zweiten Weltkrieg war es vorbehalten, die »Psychopathologie der Massen« – wenn man so in Variierung des bekannten Ausdrucks und Buchtitels von Le Bon sagen darf – weiter zu bereichern: erstens insofern, als er uns den sogenannten »Nervenkrieg« bescherte, und zweitens, indem er uns eben das Erlebnismaterial der Konzentrationslager beschied.

An dieser Stelle möchte ich bemerken, daß ich dieses Buch ursprünglich nicht unter meinem Namen erscheinen lassen wollte, sondern nur mit Angabe meiner Häftlingsnummer. Maßgeblich war mir hiefür meine Abneigung gegen ein Exhibitionieren von Erlebtem. Tatsächlich war die Niederschrift schon beendet, als ich mich davon überzeugen ließ, daß eine anonyme Veröffentlichung insofern entwertet würde, als der Mut zum Bekenntnis den Wert einer Erkenntnis erhöht. Daraufhin habe ich um der Sache willen auch auf nachträgliche Streichungen verzichtet und so den gebotenen Mut zum Bekennen gegen die Scheu vor dem Exhibitionieren ausgespielt – und damit gleichsam mir selber einen Streich gespielt.

# Die erste Phase: Die Aufnahme ins Lager

Versuchen wir, die Fülle des Materials von Selbst- und Fremdbeobachtungen, die Summe der Erfahrungen und Erlebnisse, die in den Konzentrationslagern gemacht wurden, in eine erste Ordnung zu bringen und eine grobe Einteilung zu treffen, dann könnten wir an den seelischen Reaktionen des Häftlings auf das Lagerleben drei Phasen unterscheiden: die Phase der Aufnahme ins Lager, die Phase des eigentlichen Lagerlebens und die Phase nach der Entlassung bzw. Befreiung aus dem Lager.

## *Bahnhof Auschwitz*

Die erste Phase ist gekennzeichnet durch das, was man als Aufnahmeschock bezeichnen könnte; wobei wir uns allerdings vergegenwärtigen müssen, daß die psychologische Schockwirkung unter Umständen der formalen Aufnahme vorausgehen kann. Wie war es beispielsweise bei uns, bei jenem Transport, mit dem etwa ich selber nach Auschwitz kam? Man stelle sich vor: Einige Tage und mehrere Nächte ist der Transport von 1500 Personen nun schon unterwegs – in einem Zug, in dessen Waggons je 80 Menschen auf ihrem Gepäck (dem letzten Rest ihrer Habe) herumliegen, und zwar so, daß gerade noch der oberste Teil der Coupéfenster von den aufgestapelten Rucksäcken, Taschen usw. frei ist und eine Sicht in die frühe Morgendämmerung erlaubt. Alles war der Meinung, der Transport ginge in irgendeinen Rüstungsbetrieb, dem wir als Zwangsarbeiter zur Verfügung gestellt werden sollten. Der Zug hält nun anscheinend auf offener Strecke; man weiß noch nicht recht, ob man sich noch in Schlesien oder bereits in Polen befindet. Unheimlich klingt das schrille Pfeifen der Lokomotive, gellend wie ein ahnender Hilfeschrei der durch die Maschine personifizierten, von ihr in ein großes Unheil geführten Menschenmasse, während der Zug, nunmehr sichtlich vor einer größeren Station, zu rangieren beginnt. Plötzlich ein Aufschrei aus der ängstlich wartenden Menge der Leute im Waggon: »Hier eine Tafel – Auschwitz!« Wohl jeder muß in diesem Augenblick fühlen, wie das Herz stockt. Auschwitz war ein Begriff, war der Inbegriff von undeutlichen, aber dadurch nur um so schreckhafteren Vorstellungen von Gaskammern, Krematoriumsöfen und Massentötung! Der Zug rollt langsam weiter, wie zögernd, so, als ob er die unselige Menschenfracht, die er führt, nur allmählich und gleichsam schonend vor die Tatsache stellen wollte: »Auschwitz!« Jetzt sieht man schon mehr: In der fortgeschrittenen Morgendämmerung nimmt man rechts und links von der Strecke kilometerweit bereits die Umrisse eines Lagers von ungeheuren Dimensionen wahr. Endlose mehrfache Stacheldrahtumzäunungen, Wachttürme, Scheinwerfer und lange Kolonnen zerlumpter, mit Fetzen umgebener Menschengestalten, grau im Grau der Dämmerung und langsam, müde sich dahinwälzend durch öde, schnurgerade Lagerstraßen – niemand weiß wohin. Vereinzelte Kommandopfiffe hört man da und dort – niemand weiß wozu. Schon hat der eine oder andere von uns Schreckgesichte. Ich z.B. glaubte, ein paar Galgen und an ihnen Aufgehängte zu sehen. Mir graute, und das war gut so: wir alle mußten Sekunde für Sekunde, Schritt für Schritt in das große Grauen eingeführt werden. – Endlich sind wir in die Station eingefahren. Noch rührt sich nichts. Da – Kommandorufe in jener eigentümlichen Art von kreischendem, rauhem Schreien, das wir von nun an immer wieder und in allen Lagern zu hören bekommen sollten und das so klingt wie der letzte Schrei eines Gemordeten und doch anders: belegt, heiser, wie aus der Kehle eines Mannes, der immer wieder so schreien muß, der immer wieder gemordet wird ...

Da werden die Waggontüren aufgerissen und eine kleine Meute von Häftlingen in der üblichen gestreiften Häftlingstracht stürmt herein, kahlgeschoren, aber ausgesprochen gut genährt aussehend; in allen möglichen europäischen Sprachen sprechen sie, alle jedoch durchwegs in einer Jovialität, die in diesem Moment und in dieser Situation irgendwie grotesk anmutet. Wie der Ertrinkende nach dem Strohhalm, so faßt mein grundsätzlicher Optimismus, der mich seit damals immer wieder gerade in den schwersten Lagen überkommt, nach diesem Faktum: sie schauen nicht schlecht aus, diese Leute, sie sind sichtlich gut aufgelegt und sie lachen sogar; wer sagt mir, daß ich nicht auch in die verhältnismäßig günstige und glückliche Lage solcher Häftlinge kommen werde? Die Psychiatrie kennt das Krankheitsbild des sogenannten Begnadigungswahns: der zum Tode Verurteilte beginnt just im letzten Augenblick, unmittelbar vor seiner Hinrichtung zu wähnen, er würde eben erst im letzten Augenblick begnadigt werden. So klammerten auch wir uns an Hoffnungen und glaubten auch wir bis zum letzten Moment, es werde, es könne einfach nicht so arg sein. Siehe die pausbäckigen und rotwangigen Gesichter dieser Häftlinge! Noch wußten wir nichts davon, daß es sich bei ihnen um eine »Elite« handelte, um jene Häftlingsgruppe, die dazu ausersehen war, die Transporte von Tausenden, die täglich

– durch Jahre – in den Bahnhof Auschwitz einrollten, in Empfang zu nehmen, d.h. ihr Gepäck zu übernehmen, mitsamt den darin enthaltenen bzw. verborgenen Werten: den rar gewordenen Gebrauchsgegenständen und geschmuggeltem Schmuck. Auschwitz war zu dieser Zeit fraglos ein einzigartiges Zentrum im Spätkriegseuropa: was sich dort, und zwar nicht nur in den riesigen Magazinen, sondern in den Händen der SS, aber auch der uns empfangenden Häftlingsgruppe an Gold und Silber, Platin und Brillanten befand, war wohl einzig dastehend. Während, unmittelbar vor dem Weitertransport in kleinere Lager, 1100 Häftlinge in einer einzigen Baracke (ich glaube, sie war für allerhöchstens 200 bestimmt) auf dem bloßen Erdboden kauernd, frierend und hungernd herumsaßen und -standen – nicht alle hatten zum Sitzen, geschweige denn zum Hinlegen Platz –, während wir innerhalb von vier Tagen nur ein einziges Mal ein Stückchen Brot (etwa 150 Gramm) faßten, hörte ich beispielsweise einmal mit an, wie der Blockälteste dieser Baracke über eine Krawattennadel aus Platin und mit Brillanten mit einem Häftling aus jener elitehaften Gruppe handelseinig wurde. Das meiste wurde freilich schließlich in Schnaps umgesetzt. Ich weiß allerdings nicht mehr, wieviel tausend Mark das für einen lustigen Abend ausreichende Quantum Schnaps damals dort kostete. Ich weiß nur eines: diese langjährigen Häftlinge brauchten den Schnaps. Denn wer wollte es einem Menschen verargen, wenn er in solcher innerer und äußerer Situation sich betäuben will? Abgesehen von jener Gruppe von Häftlingen, die in den Gaskammern und im Krematorium beschäftigt wurden und ganz genau wußten, daß sie, von einer andern Gruppe turnusweise abgelöst, eines Tages selber den Weg jener Opfer gehen müssen, denen gegenüber sie Henkersknechte zu sein gezwungen waren; dieser

Gruppe wurde Alkohol in praktisch beliebigen Mengen sogar von der SS zur Verfügung gestellt.

## *Die erste Selektion*

Mehr oder weniger wir alle aus unserem Transport befanden uns also in solch einem Begnadigungswahn, der da meint, noch immer könne alles gut ausgehen. Denn was sich jetzt abspielte, dessen Sinn konnten wir noch nicht erfassen; der Sinn sollte uns erst am Abend klar werden. Wir wurden angewiesen, alles Gepäck im Waggon zu lassen, auszusteigen und je eine Männer- und Frauenkolonne zu formieren, um schließlich vor einem höheren SS-Offizier zu defilieren. Ich hatte merkwürdigerweise die Courage, meinen Brotsack, unter dem Mantel recht und schlecht versteckt, doch mitzunehmen. Da sehe ich, daß meine Kolonne Mann für Mann auf den SS-Offizier zugeht. Ich kalkuliere: wenn er den schweren Brotsack, der mich nach der Seite zieht, bemerkt, dann gibt es zumindest eine Ohrfeige, die mich in den Dreck sausen läßt; das kannte ich schon von anderswo her ... Mehr instinktiv richte ich, je näher ich diesem Mann zu stehen komme, meinen Körper immer mehr auf, damit er ja nicht merke, daß ich eine Last verberge. Nun steht er vor mir: groß, schlank, fesch, in tadelloser und blitzblanker Uniform – ein eleganter, gepflegter Mensch, voll Distanz zu uns Jammergestalten, die wir wohl übernächtig und recht verwahrlost aussehen. In nonchalanter Haltung steht er da, den rechten Ellbogen mit der linken Hand stützend, die rechte Hand erhoben und mit dem Zeigefinger dieser Hand ganz sparsam eine kleine winkende Bewegung vollführend – bald nach links, bald nach rechts, weit öfter nach links ... Keiner von uns konnte das Geringste ahnen von der Bedeutung, die diese winzige Bewegung eines menschlichen Zeigefingers hatte – bald nach links, bald nach rechts, weit öfter nach links. Nun komme ich dran. Kurz vorher hat mir jemand zugeflüstert, nach rechts (»vom Zuschauer gesehen«) gehe es zur Arbeit, nach links in ein Lager für Arbeitsunfähige oder Kranke. Ich lasse die Dinge an mich herankommen – das erste Mal für viele kommende Male. Mein Brotsack zieht mich nach links, ich recke mich und strecke mich aufrecht. Der SS-Mann schaut mich prüfend an, scheint zu stutzen oder zu zweifeln, legt mir beide Hände auf die Schultern, ich bemühe mich, »zackig« zu wirken, stehe stramm und aufgerichtet, da dreht er langsam meine Schultern, so daß ich nach rechts hingewendet werde – und ich haue nach rechts ab.

Am Abend wußten wir um die Bedeutung dieses Spiels mit dem Zeigefinger: es war die erste Selektion! Die erste Entscheidung über Sein oder Nichtsein; für die gewaltige Majorität unseres Transports, etwa 90%, war es das Todesurteil. Es wurde in den nächsten Stunden vollstreckt. Wer nach links (von uns aus gesehen) geschickt wurde, marschierte von der Bahnhoframpe weg direkt zu einem der Krematoriumsgebäude, wo er – wie mir dort Beschäftigte berichteten – Aufschriften in mehreren europäischen Sprachen lesen konnte, die das Gebäude als »Bad« deklarierten. Dann bekamen alle nach links gewiesenen Transportteilnehmer je ein Stück RIF-Seife in die Hand gedrückt. Was sich jeweils weiter abspielte, darüber darf ich schweigen, nachdem authentischere Berichte es bereits bekanntgemacht haben. Uns, der Transportminorität von damals, wurde es am Abend des gleichen Tages bekannt. Ich fragte Kameraden, die schon länger im Lager waren, wohin mein Kollege und Freund P. gekommen sein mochte. »Ist er auf die andere Seite geschickt worden?« »Ja«, sage ich. »Dann siehst du ihn dort«, sagt man mir. Wo? Eine Hand zeigt zu einem wenige hundert Meter entfernten Schlot, aus dem eine viele Meter hohe Art Stichflamme unheimlich in den weiten, grauen polnischen Himmel emporzüngelt, um sich in eine düstere Rauchwolke aufzulösen. Was ist dort? »Dort schwebt dein Freund in den Himmel«, gibt man mir roh zur Antwort. Noch immer verstehe ich nicht; bald aber beginne ich zu verstehen – sobald man mich »einweiht«.

Dies alles ist vorwegnehmend erzählt worden. Psychologisch gesehen, hatten wir, vom geschilderten Morgengrauen vor dem Bahnhof bis zum ersten Schlaf im Lager, noch einen langen, langen Weg vor uns. Der Weg unserer Kolonne vom Bahnhof, im Laufschritt zurückgelegt, von der SS-Wachmannschaft mit schußbereitem Gewehr eskortiert, führte zwischen den mit elektrischer Hochspannung geladenen Stacheldrahtalleen durchs Lager ins Desinfektionsbad – für uns bei der ersten Selektion Auserwählte wenigstens ein wirkliches Bad. Wieder bekam unser Begnadigungswahn Nahrung: die SS schien ausgesprochen nett zu sein! Bald aber merkten wir: sie war so lange nett zu uns, als sie noch Armbanduhren an unseren Handgelenken wahrnahm und, in recht gutmütigem Ton, uns zur »Übergabe« zuredete, nachdem wir ja ohnehin alles, was wir noch bei uns hatten, abgeben müßten. Jeder von uns dachte sich, verloren ist verloren, und wenn dieser relativ nette Mensch die Uhr privat erhält – warum nicht? Vielleicht wird er einem dann irgendeinen Vorteil verschaffen.

## *Desinfektion*

Nun warten wir in einer Baracke, die den Vorraum zur »Desinfektion« bildet. SS erscheint mit Decken, in die alle Konserven, alle Uhren und aller Schmuck hineingeworfen werden muß. Noch gibt es, zum Gaudium der mithelfenden »alten« Häftlinge, Naive unter uns, die zu fragen wagen, ob man nicht wenigstens den Ehering behalten dürfe oder ein Medaillon, einen Talisman, ein Andenken? Noch kann niemand recht daran glauben, daß einem wirklich buchstäblich alles weggenommen wird. Da versuche ich, einen der alten Häftlinge ins Vertrauen zu ziehen. Ich pirsche mich an ihn heran, weise auf eine Papierrolle in der Brusttasche meines Mantels und sage: »Du, paß auf! Hier habe ich ein wissenschaftliches Buchmanuskript bei mir – ich weiß, was du sagen wirst – ich weiß: mit dem Leben davonkommen, das nackte Leben hinwegretten, ist alles, ist schon das Äußerste, was man vom Schicksal erbitten darf. Aber ich kann mir nicht helfen, ich bin eben so größenwahnsinnig und will mehr. Ich will dieses Manuskript behalten, irgendwie erhalten – es enthält mein Lebenswerk; verstehst du mich?« Da beginnt er zu verstehen, jawohl: zu grinsen beginnt er übers ganze Gesicht, erst mehr mitleidig, dann mehr belustigt, spöttisch, höhnisch, bis er mit einer Grimasse mich anbrüllt und meine Frage mit einem einzigen Wort, das er herausbrüllt, quittiert, mit jenem Wort, das als *das* Wort im Sprachschatz des Lagerhäftlings seither immer wieder zu hören war. Er brüllt: »Scheiße!!« Da weiß ich, wie die Dinge stehen. Ich mache das, was den Höhepunkt dieser ganzen ersten Phase psychologischer Reaktionen darstellt: ich mache einen Strich unter mein ganzes bisheriges Leben.

Plötzlich kommt Bewegung in den Haufen der ratlos debattierenden, mit schreckhaft blassen Gesichtern dastehenden Kameraden vom Transport. Wieder die mit heiserer Stimme geschrieenen Kommandos; alles wird mit Püffen und im Laufschritt in den eigentlichen, unmittelbaren Badevorraum hineingetrieben. Hier stehen wir in einer Halle, in deren Mitte ein SS-Mann wartet, bis unsere Gruppe vollzählig versammelt ist. Dann beginnt er: »Ich lasse euch zwei Minuten Zeit. Ich schaue auf meine Uhr. In diesen zwei Minuten müßt ihr ganz ausgezogen sein; alles schmeißt ihr an Ort und Stelle hin, nichts darf mitgenommen werden, ausgenommen die Schuhe, der Gürtel oder die Hosenträger, eine Brille und allenfalls das Bruchband. Ich stoppe also zwei Minuten – los!!« In undenkbarer Hast reißen sich unsere Leute, was sie an sich haben, vom Leibe; je näher das Ende der Frist herannaht, um so nervöser und hilfloser zerren sie an Kleidungs- und Wäschestücken, Bändern und Riemen usw. usw. Schon hört man die ersten klatschenden Geräusche: Ochsenziemer prasseln Schläge auf nackte Leiber. Dann werden wir in einen andern Raum getrieben. Dort werden wir geschoren; nicht nur am Schädel: kein Haar bleibt am ganzen Körper ... Dann werden wir in den Brauseraum getrieben. Wir nehmen Aufstellung. Wir erkennen einander kaum mehr wieder. Aber erfreut und hochbeglückt stellen einzelne fest, daß aus den Brausetrichtern wirklich – Wasser herabtropft ...

### *Was einem bleibt: die nackte Existenz*

Während wir noch auf die Dusche warten, erleben wir so recht unser Nacktsein: daß wir jetzt wirklich gar nichts mehr haben außer diesen unseren nackten Körper (unter Abzug seiner Haare), daß wir jetzt nichts mehr besitzen außer unsere buchstäblich *nackte Existenz.* Was ist noch als äußerliches Bindeglied zu unserem früheren Leben geblieben? Mir z.B. die Brille und der Gürtel; ihn freilich mußte ich später gegen ein Stück Brot eintauschen. Wer ein Bruchband hatte, für den gab es abends noch eine kleine Sonderaufregung: der Blockälteste unserer Baracke hielt eine Begrüßungsansprache, in der er »ehrenwörtlich« versicherte, denjenigen, der in seinem Bruchband »Dollars oder Edelmetall« eingenäht hätte, höchstpersönlich »an diesem Balken da« (er zeigte hin) aufzuhängen; stolz erklärte er, daß er als Blockältester lagerordnungsgemäß hierzu das Recht besitze.

Mit den Schuhen, die wir grundsätzlich behalten durften, hatte es auch seine Bewandtnis. Wer halbwegs gutes Schuhwerk besaß, dem wurde es schließlich doch fortgenommen, dafür bekam er irgendein unpassendes Paar ausgefolgt. Wer aber dem wohlmeinend vorgebrachten Rat der reichlich interviewten alten Häftlingsgarde im Vorraum gefolgt war und seine schönen, hohen kanadischen Motorrad-Schnürstiefel gestutzt hatte, indem er den Schaft abschnitt und noch ein übriges zur Tarnung dieses »Sabotageaktes« tat, nämlich die Schnittstelle mit Seife verschmierte, der hatte nun nichts zu lachen: darauf hatte nämlich die SS anscheinend nur gewartet; denn jetzt ließ sie uns zur Kontrolle des Schuhwerks antreten. Wer beim Vorzeigen seiner Schuhe des Schaftabschneidens verdächtig war, mußte in einem kleinen Nebenraum antreten. Und nach einer Weile hörte man wieder, nun aber recht lange Zeit hindurch, das klatschende Geräusch des Ochsenziemers und das Brüllen von gemarterten Menschen.

So zerrann eine Illusion nach der andern, die der eine oder andere von uns noch behalten haben mochte. Jetzt überkommt die meisten von uns aber ein irgendwie Unerwartetes: Galgenhumor! Wir wissen, wir haben nichts mehr zu verlieren außer diesem so lächerlich nackten Leben. Während schon die Brause fließt, rufen wir einander mehr oder weniger witzige, auf jeden Fall witzig sein sollende Bemerkungen zu und bemühen uns krampfhaft, vor allem über uns selbst, dann aber auch über einander uns lustig zu machen. Denn, nochmals: es kommt wirklich Wasser aus den Brausetrichtern! ...

Außer dem Galgenhumor beginnt ein anderes Gefühl uns zu beherrschen: Neugier. Ich persönlich kenne diese Einstellung als Grundhaltung einer Reaktion auf besondere Lebensumstände von einem andern Bereich her. Wann immer ich in Lebensgefahr war, also auch früher schon, etwa bei glimpflich abgelaufenen Abstürzen im Gebirge, beim Klettern, kannte ich in den betreffenden Sekunden (bzw. wahrscheinlich bloßen Bruchteilen von Sekunden) jeweils nur eine Form der Einstellung zum jäh ablaufenden äußeren Geschehen: Neugier – Neugier, ob ich mit dem Leben davonkommen werde oder nicht, mit einem Schädelgrundbruch oder andern Knochenbrüchen usw. Auch in Auschwitz herrschte diese gleichsam die Welt objektivierende und den Menschen distanzierende Stimmung fast kühler Neugier, die Stimmung des Zusehens und Zuwartens, auf die sich die Seele in solchem Augenblick zurückzieht und hinüberzuretten versucht. Neugierig waren wir, was nun alles geschehen würde und was die Folgen seien. Die Folgen z.B. davon, daß man, splitternackt und noch naß von der Brause, im Freien stehengelassen wird, in der Kälte des Spätherbstes. Und die Neugier wird in den nächsten Tagen von Überraschung abgelöst, z.B. von der Überraschung darüber, daß man eben keinen Schnupfen bekommt.

Aber solche trivialen Überraschungen blühen dem Neuangekommenen unter den Häftlingen noch viele. Der Mediziner unter ihnen lernt vor allem eines: die Lehrbücher lügen! Irgendwo hieß es einmal, der Mensch könne es ohne Schlaf nicht länger als soundso viel Stunden aushalten. Ganz falsch! Selber hatte man sich immer eingebildet, man könne dies oder jenes nicht tun oder nicht sein lassen; man könne nicht schlafen, »wenn nicht ...«, man könne nicht leben »ohne ...«. In Auschwitz habe ich in der ersten Nacht in Stock-»Betten« geschlafen, die drei Etagen hatten, und auf jeder Etage (im Ausmaß von ungefähr 2 x 2 1/2 m) lagen, unmittelbar auf den Brettern, je neun Personen; und zum Zudecken hatte jede Etage, hatten also je neun Leute gemeinsam – zwei Decken. Wir konnten natürlich nur in Seitenlage liegen, aneinander gedrängt und ineinander gezwängt, was angesichts der Außenkälte und des Ungeheiztseins der Baracke wiederum nicht ungünstig war. Schuhe durften in diese sogenannten »Boxen« nicht mit hinaufgenommen werden, nur höchst illegalerweise benützte sie der eine oder andere trotz des daranhaftenden Kotes als Kopfkissenersatz. Ansonsten blieb uns nichts anderes übrig, als den Kopf auf den nach oben fast verrenkten Arm zu legen. Trotz allem nimmt der Schlaf das Bewußtsein hinweg und tilgt so auch die Schmerzhaftigkeit dieser Lage. Von weiteren derartigen Überraschungen darüber, was man alles könne, seien nur angeführt: die ganze Zeit des Lagerlebens über ohne Zähneputzen auskommen und trotz des sicherlich erheblichen Vitaminmangels der Kost ein besseres Zahnfleisch haben als je zuvor (auch zur Zeit gesündester Ernährung). Oder: ein halbes Jahr lang ein und dasselbe Hemd tragen, bis man ihm mit bestem Willen nicht mehr ansieht, daß es eines war; tagelang wegen Einfrierens der Wasserleitung im Waschraum sich überhaupt nicht, nicht einmal partiell waschen können und trotz wunder Stellen an den Händen, die von Erdarbeiten verschmutzt sind, keine eiternden Wunden bekommen (freilich nur solange, als nicht die Frosteinwirkungen mit im Spiel sind). Oder: als Mensch, den früher das leiseste Geräusch im Nebenzimmer geweckt und nicht mehr wieder hatte einschlafen lassen, aneinandergepreßt neben einem Kameraden liegen, aus dessen Nase in einer Entfernung von wenigen Zentimetern vom eigenen Ohr heftiges Schnarchen tönt; und trotzdem fällt man, kaum daß man sich hinlegt, in tiefen Schlaf. Da mußte uns so recht zu Bewußtsein kommen, wie richtig der Satz von Dostojewski ist, in dem er den Menschen einmal geradezu definiert als das Wesen, das sich an alles gewöhnt. Uns könnte man danach fragen, wir könnten sagen, ob und wieweit dies stimmt, daß der Mensch sich an alles gewöhnen kann; ja, werden wir sagen – aber man frage uns nicht, wie ...

### *»In den Draht gehn«?*

Aber noch sind wir im Verlauf unserer psychologischen Untersuchung und noch waren wir damals, im Verlaufe des Geschehens um uns her und mit uns, nicht so weit. Noch befanden wir uns eben in der ersten Phase der seelischen Reaktion. Die Ausweglosigkeit der Situation, die täglich, stündlich, minütlich lauernde Todesgefahr, die Nähe des Todes anderer – der Majorität – machte es eigentlich selbstverständlich, daß nahezu jedem eine wenn auch noch so kurze Zeit lang der Gedanke an einen Selbstmord kam. Aus einer weltanschaulichen Grundeinstellung heraus, die an andern Stellen noch klar werden wird, habe ich selber unmittelbar vor dem Einschlafen am ersten Abend in Auschwitz sozusagen von einer Hand in die andere mir das Versprechen abgenommen, nicht »in den Draht zu laufen«. Mit diesem lagerüblichen Ausdruck wird die lagerübliche Methode der Selbsttötung bezeichnet: Berühren des mit elektrischer Hochspannung geladenen Stacheldrahts. Nicht in den Draht zu gehen, dieser negative Entschluß brauchte einem in Auschwitz freilich nicht schwer zu fallen: der Selbsttötungsversuch war dort schließlich ziemlich gegenstandslos; der durchschnittliche dortige Lagerinsasse konnte, rein erwartungsmäßig im Sinne einer Wahrscheinlichkeitsrechnung oder ziffernmäßigen »Lebenserwartung«, doch nicht damit rechnen, zu dem ganz geringen Prozentsatz derer zählen zu dürfen, die auch alle weiteren, noch bevorstehenden Selektionen und diversen Selektionsarten überleben würden. In Auschwitz fürchtet der Häftling, der noch im Schockstadium steht, den Tod ganz und gar nicht; ihm ist in den ersten Tagen seines Aufenthaltes die Gaskammer längst kein Schrecken mehr, in seinen Augen stellt sie lediglich etwas dar, was den Selbstmord erspart.

Ich persönlich habe, laut wiederholten Aussagen unvoreingenommener Kameraden, kaum zu denen gehört, die der Aufnahmeschock besonders down gekriegt hatte, das darf ich wohl sagen; trotzdem habe ich nur lächeln können und dies ganz aufrichtig, als am Vormittag nach der ersten Auschwitzer Nacht folgendes sich abspielte: Trotz »Blocksperre« – während derer niemand ohne ausdrücklichen Auftrag seine Baracke verlassen darf – hatte sich ein bekannter Kollege, der schon Wochen vor uns in Auschwitz gelandet war, in unsere Baracke geschwindelt. Er wollte uns beruhigen, aufklären und trösten. Schon so abgemagert, daß wir ihn zuerst gar nicht wiedererkannt hatten, aber mit mehr oder minder gespielter Heiterkeit und Wurstigkeit gab er uns in aller gebotenen Eile einige Tips: »Keine Angst! Habt keine Angst vor den Selektionen! Der M. (SS-Oberarzt des Lagers) hat für Ärzte etwas übrig.« (Es war nicht wahr; aber ich will hier nicht darauf eingehen, wie falsch es war und wie teuflisch der Anschein gemeint war, den dieser »Arzt« sich zu geben pflegte. Ich weiß nur eines: ein Blockarzt, selber Häftling, ein Mann von etwa sechzig Jahren, schilderte mir, wie er den Dr. M. angefleht hatte, seinen Sohn, der für die Gaskammer bestimmt worden war, ihm herauszugeben – Dr. M. aber hatte das ebenso kalt wie strikt abgelehnt.) »Nur eines bitte und rate ich euch, rasiert euch, wenn möglich, täglich, womit immer, meinetwegen mit einem Glasscherben, oder gebt euer letztes Stück Brot dafür her, daß einer euch rasiert. Ihr schaut dann jünger aus und die Wangen werden rosiger, wenn an ihnen herumgeschabt worden ist. Nur nicht krank werden, nur nicht krank aussehen! Wollt ihr am Leben bleiben, dann gibt es nur ein Mittel: den Eindruck der Arbeitsfähigkeit erwecken. Es genügt hier, daß ihr wegen einer kleinen, banalen Verletzung, wegen einer Schuhdruckstelle, hinkt. Sieht so einen die SS, winkt sie ihn herbei und am nächsten Tag geht er garantiert ins Gas. Wißt ihr schon, was man bei uns einen Muselman nennt? Eine Jammergestalt, einen Herabgekommenen, der kränklich aussieht, abgemagert ist und körperlich nicht mehr schwer arbeiten kann. Über kurz oder lang, meist über kurz, wandert jeder Muselman ins Gas! Daher nochmals: rasiert euch, steht und geht immer stramm! Dann braucht ihr keine Angst vor dem Gas zu haben. Wie ihr da vor mir steht, zwar erst vierundzwanzig Stunden im Lager, aber immerhin, ihr braucht alle keine Angst vor dem Gas zu haben, außer vielleicht einer von euch – du«; jetzt wies er auf mich; »du bist mir doch nicht bös? Aber ich sag's euch offen: höchstens der«, jetzt deutete er mit dem Kopf wieder nach mir, »unter euch allen höchstens der kommt für die nächste Selektion in Betracht. Also beruhigt euch!« Ich schwöre: ich habe damals gelächelt; und ich bin überzeugt, jeder andere an meiner Stelle und an diesem Tage hätte nichts anderes getan.

Gotthold Ephraim Lessing war es, der einmal gesagt hat: »Wer über gewisse Dinge den Verstand nicht verliert, der hat keinen zu verlieren.« In einer abnormalen Situation ist eine abnormale Reaktion eben das normale Verhalten. Auch als Psychiater erwarten wir sozusagen, daß ein Mensch, je normaler er ist, desto abnormaler auf die Tatsache reagieren wird, daß er in die abnorme Situation geraten ist, etwa in eine Irrenanstalt aufgenommen worden zu sein. Auch die Reaktion des Häftlings auf seine Aufnahme ins Konzentrationslager stellt einen abnormen Seelenzustand dar, an sich betrachtet aber eine normale und, wie sich zeigen soll, typische Gemütsreaktion, sofern sie im Zusammenhang der so gegebenen Situation gesehen wird.

# Die zweite Phase: Das Lagerleben

## *Apathie*

Die Reaktionsweise, wie wir sie gekennzeichnet haben, beginnt nach wenigen Tagen sich zu wandeln. Nach dem ersten Stadium des Schocks schlittert der Häftling in das zweite Stadium hinein, in das Stadium der relativen Apathie. Es kommt allmählich zu einem inneren Absterben. Abgesehen von den vorhin besprochenen diversen Affektreaktionen erlebt der neu eingelieferte Häftling in der ersten Zeit des Lagerlebens in qualvollster Weise auch noch anderweitige Gemütsregungen, und sie alle beginnt er alsbald in sich abzutöten. Da ist vor allem eine grenzenlose Sehnsucht nach seinen Leuten daheim. Eine Sehnsucht, die so brennend erlebt werden kann, daß man nur mehr ein Gefühl hat: zu vergehen. Dann ist da der Ekel. Der Ekel vor all der Häßlichkeit, schon rein äußerlich, von der sich der Häftling umgeben findet. Er ist wie die meisten Kameraden in Lumpen »eingekleidet« worden, die eine Vogelscheuche im Vergleich mit seinem Aufzug elegant erscheinen lassen. Im Lager, zwischen den Baracken, gibt es nichts als Morast, und je mehr an dessen Fortschaffung, am »Planieren« gearbeitet wird, um so mehr kommt man mit ihm in Berührung. Gerade der Neueingelieferte wird gern in gewisse Arbeitskolonnen eingeteilt, in denen er mit Latrinenreinigung, Jaucheabfuhr usw. beschäftigt wird. Wenn dann bei der Abfuhr über holprige Felder die Jauche – wie gewöhnlich – ins Gesicht spritzt, wird ein Zusammenzucken oder der Versuch des Wegwischens sicher nur mit einem Stockhieb seitens des Capos quittiert werden, der sich über die »Zimperlichkeit« seines Arbeiters aufregt.

Das Abtöten der normalen Gefühlsregungen schreitet dann immer weiter fort. Anfangs schaut der Häftling weg, wenn er etwa zum Appell kommandiert ist, um beim Strafexerzieren irgendeiner Gruppe zuschauen zu müssen. Noch kann er den Anblick sadistisch gequälter Menschen, den Anblick von Kameraden, die stundenlang im Dreck auf und nieder müssen und hierbei das nötige Tempo durch Prügel diktiert bekommen, nicht ertragen. Tage oder Wochen später geht es ihm aber schon anders: Frühmorgens, noch im Dunkeln, steht er in seiner Arbeitskolonne abmarschbereit auf einer der Lagerstraßen, vor dem Lagertor; da hört er Geschrei, blickt hin und sieht mit an, wie ein Kamerad immer wieder zu Boden geboxt, wieder aufgehoben und wieder niedergeboxt wird – warum? Weil er fiebert, aber erst seit der Nacht, und so nicht rechtzeitig (in der Ambulanz) die Fieberhöhe kontrollieren lassen und sich krankmelden konnte. Jetzt wird er dafür bestraft, daß er den aussichtslosen Versuch unternommen hat, am Morgen krankgeschrieben zu werden, um nicht zur Außenarbeit hinausmarschieren zu müssen. Der beobachtende Häftling aber, der sich nun schon im zweiten Stadium seiner psychischen Reaktionen befindet, schaut nicht mehr weg. Gleichgültig, bereits abgestumpft, kann er ruhig hinsehen. Oder: wenn er selber abends in der Ambulanz gedrängt dasteht, in der Hoffnung, wegen seiner Verletzungen oder wegen seines Hungerödems oder Fiebers auf zwei Tage in »Schonung« geschrieben zu werden, so daß er während dieser zwei Tage nicht zur Arbeit hinausmarschieren muß, dann wird er auch ruhig zusehen, wenn da einmal ein zwölfjähriger Junge hereingetragen wird, für den es im Lager keine Schuhe mehr gab und der dadurch gezwungen war, mit bloßen Füßen im Schnee stundenlang Appell zu stehen und tagsüber Außenarbeit zu leisten; jetzt sind seine Zehen abgefroren, und der Ambulanzarzt zupft die abgestorbenen schwärzlichen Zehenglieder mit der Pinzette von den Gelenken. Ekel, Grauen, Mitleid, Empörung, das alles hat unser Zuseher in diesem Augenblick eigentlich nicht mehr zu empfinden vermocht. Leidende, Kranke, Sterbende, Tote – all dies ist ein so geläufiger Anblick nach einigen Wochen Lagerleben, daß es nicht mehr rühren kann.

Eine Zeitlang lag ich in einer Fleckfieberbaracke, inmitten durchwegs hochfiebernder und deliranter Patienten und vieler unter ihnen, die sterbend waren. Wieder ist einer gerade gestorben. Was geschieht, zum x-ten Male – zum x-ten Male eben, ohne eine Gefühlsreaktion noch auslösen zu können? Ich sehe zu, wie sich ein Kamerad nach dem andern an die noch warme Leiche heranmacht; der eine ergattert die übriggebliebenen verdreckten Kartoffeln vom Mittagessen, der andere hat festgestellt, daß die Holzschuhe an der Leiche doch noch etwas besser sind als die, welche er selber trägt, und tauscht die Paare aus; ein dritter unternimmt das gleiche mit dem Rock des Toten, ein weiterer schließlich ist froh, daß er sich einen – man denke: echten! – Spagat sichern kann. Teilnahmslos sehe ich dem zu. Endlich raffe ich mich auf und trage dem »Pfleger« auf, die Leiche aus der Baracke (einer Erdhütte) hinauszuschaffen. Sobald er sich dazu entschließt, packt er den Leichnam an den Beinen, läßt ihn auf den schmalen Mittelgang zwischen den beiden Bretterreihen links und rechts davon – wo die fünfzig Fiebernden liegen – hinabkollern und schleift ihn dann über den holprigen Erdboden zur Barackentür. Dort gibt es zwei Stufen, die hinauf und hinaus ins Freie führen – immer ein Problem für uns vom chronischen Hunger Ermattete: ohne Zuhilfenahme der Hände, ohne mit ihnen an den Pfosten uns hochzuziehen, können wir alle, seit Monaten im Lager, schon längst nicht mehr mit bloßer Kraft der Beine das eigene Gewicht diese 2 x 20 cm emporziehen. Jetzt kommt der Mann mit der Leiche. Mühsam schleppt er sich selber und dann den Toten hinauf und hinaus – erst die Füße des Toten, dann den Rumpf, bis schließlich mit einem unheimlichen klappernden Geräusch der Schädel über die zwei Stufen kollert. Unmittelbar darauf wird das Faß mit der Suppe zur Baracke gebracht, die Suppe ausgeteilt und verschlungen. Mein Platz ist gegenüber der Tür, am andern Barackenende, neben dem einzigen kleinen Fenster, das knapp über dem Erdboden liegt. Meine kalten Hände umklammern die heiße Suppenschüssel. Während ich gierig den Inhalt schlürfe, schiele ich zufällig beim Fenster hinaus: draußen gafft der Leichnam, den man soeben hinausgeschafft, mit starren Augen durchs Fenster herein. Vor zwei Stunden habe ich mit diesem Kameraden noch gesprochen. Ich schlürfe die Suppe weiter. Wäre ich nicht quasi aus professionellem Interesse über meine eigene Ungerührtheit selber erstaunt gewesen, dieses Erlebnis wäre mir nicht in Erinnerung geblieben: so wenig gefühlsbetont war das Ganze.

### *Was weh tut*

Die Apathie, die Abstumpfung des Gemüts, die innere Wurstigkeit und das Gleichgültigwerden – die Kennzeichen der von uns herausgestellten zweiten Phase innerhalb der seelischen Reaktionen des Lagerhäftlings – machen ihn bald auch unempfindlich gegen das tägliche und stündliche Geschlagenwerden. Diese Unempfindlichkeit ist eine höchst notwendige Panzerschicht, mit der sich die Seele des Häftlings beizeiten umgibt. Schläge bekommt man im Lager aus den nichtigsten Gründen – oder auch überhaupt ohne Grund. Beispiel: Auf der Baustelle, auf der ich arbeite, wird die »Brotzeit« verteilt. Wir stellen uns an, einer hinter dem andern. Mein Hintermann muß eine Fußlänge seitlich gestanden sein und dem SS-Wachtposten muß das, vielleicht aus optischem Symmetriegefühl, nicht gefallen haben; obzwar es etwa vom disziplinären Standpunkt irrelevant und überflüssig war – standen wir doch mitten auf unebenem, noch unplaniertem Gelände –, paßte es ihm nicht. Ich jedenfalls konnte keine Ahnung haben davon, was hinter mir in der Reihe – und was da wohl auch in der Seele des Wachtpostens vorging. Aber auf einmal spürte ich zwei heftige Schläge auf meinem Schädeldach. Erst dann sah ich, daß der Posten neben mir gestanden war und einen Knüppel benützt hatte.

Der körperliche Schmerz, den Schläge verursachen, ist – bei uns erwachsenen Häftlingen übrigens ebenso wie bei gezüchtigten Kindern! – nicht das Wesentliche; der seelische Schmerz, will heißen: die Empörung über die Ungerechtigkeit bzw. die Grundlosigkeit ist dasjenige, was einem in diesem Moment eigentlich weh tut. So ist es verständlich, daß ein Schlag, der gar nicht trifft, unter Umständen sogar mehr schmerzen kann: Einmal stehe ich z.B. auf offener Bahnstrecke im Schneesturm; trotzdem dürfen wir nicht die Arbeit unterbrechen; schon damit mir nicht allzu kalt wird, »stopfe« ich fleißig Geleise (mit Schotter). Für einen Augenblick halte ich mit der Arbeit inne, um auszuschnaufen, und stütze mich auf den Krampen. Unglückseligerweise wendet sich der Posten im gleichen Augenblick nach mir um und glaubt natürlich, daß ich »tacheniere«. Was mir nun – trotz allem und auch noch trotz der schon sich entwickelnden Abstumpfung – weh tut, ist nicht irgendeine Strafpredigt oder irgendwelche Prügel, die ich zu gewärtigen habe, sondern: daß dieser Posten es nicht einmal der Mühe wert findet, die herabgekommene und zerlumpte Gestalt, die nur mehr noch von ungefähr an eine menschliche Gestalt erinnern mag, diese Gestalt also, die ich da in seinen Augen wohl darstelle, eines Schimpfwortes zu würdigen. Was er nun tut, ist vielmehr folgendes: wie spielerisch hebt er einen Stein vom Boden und wirft ihn nach mir. So, mußte ich empfinden, macht man irgendein Tier aufmerksam, so erinnert man ein Haustier an seine »Arbeitspflicht«, ein Tier, zu dem man so wenig Beziehung hat, daß man es »nicht einmal« straft.

### *Der Hohn macht die Musik*

Das Schmerzlichste an Schlägen ist sonach begreiflicherweise der Hohn, der sie begleitet. – Einmal schleppen wir schwere, lange Eisenbahnschwellen über die vereisten Geleise. Ein Sturz kann nicht nur den Betreffenden, sondern auch die Kameraden, die an derselben Schwelle mittragen, ungemein gefährden. Ein Kollege und alter Freund von mir hat eine angeborene Hüftgelenksverrenkung. Er ist froh genug, daß er trotzdem halbwegs arbeiten kann, denn für körperlich Behinderte wie ihn bedeutet jede »Selektion« praktisch den sicheren Tod in einer Gaskammer. Nun humpelt er mit einer besonders schweren Schwelle über die Geleise. Wenige Schritte vom Stapelplatz entfernt sehe ich ihn taumeln; er droht zu stürzen und die andern mitzureißen. Ich habe noch keine Schwelle aufgeladen bekommen und springe automatisch hinzu, um ihn zu stützen und ihm beim Tragen zu helfen. Da saust aber auch schon ein Knüppel auf meinen Rücken, und mit wüstem Geschrei werde ich zurechtgewiesen und zurückbeordert. Ein paar Minuten vorher aber hatte der gleiche Aufseher uns höhnisch vorgehalten, wir Schweine kennten keinen Kameradschaftsgeist.

Ein andermal beginnen wir bei minus zwanzig Grad Celsius in einem Wald die oberste, ganz hartgefrorene Erdschicht aufzuhacken; eine Wasserleitung muß gelegt werden. Zu dieser Zeit war ich körperlich schon sehr geschwächt. Der Arbeitsaufseher kommt, pausbackig, rotwangig; sein Gesicht erinnert unbedingt an einen Schweinskopf. Beneidenswert warme Handschuhe hat er an, fällt mir auf, während wir bei dieser grimmigen Kälte ohne Handschuhe dastehen, und eine pelzgefütterte Lederjacke. Eine Weile schaut er mir stumm zu. Ich ahne Böses, weil doch die genau kontrollierbare Menge bereits ausgehobener Erde vor mir liegt. Dann fängt er an: »Du Schweinehund! Dich beobacht ich nun schon die ganze Zeit! Dir werd ich das Arbeiten noch beibringen! Und wenn du den Boden mit den Zähnen aufbeißen mußt! Du krepierst hier, dafür sorg ich schon! In zwei Tagen mach ich dich hin! Du hast ja dein Lebtag nicht gearbeitet, das sieht man gleich. Was warst du denn, du Sau? Geschäftsmann? He?« Mir ist schon alles gleich. Seine Drohung, mich in Kürze zugrunde zu richten, muß ich ja ernst nehmen. So richte ich mich auf und sehe ihm fest in die Augen: »Ich war Arzt; Facharzt.« – »Was? Arzt warst du? Ha, den Leuten hast du das Geld herausgelockt, das glaub ich!« – »Herr Arbeitsführer: zufällig habe ich meine Hauptarbeit unentgeltlich geleistet, in Ambulanzen für Arme.« Das war aber zuviel gesagt. Jetzt stürzt er sich auf mich, stößt mich zu Boden und brüllt wie ein Besessener – ich weiß nicht mehr was. Aber ich hatte Glück. Der Capo meiner Arbeitsgruppe war mir sehr verpflichtet. Er hatte mich in sein Herz geschlossen, seitdem ich seine Liebesgeschichten und Ehekonflikte während des stundenlangen Marsches zum Arbeitsplatz mit sichtlichem beruflichem Verständnis angehört und mit einer charakterologischen Diagnose über ihn sowie psychotherapeutischen Ratschlägen einigen Eindruck auf ihn gemacht hatte. Seither war er mir dankbar. Seine Dankbarkeit war für mich schon seit mehreren Tagen von großem Wert gewesen. Sie bestand darin, daß er mir in der ersten Fünferreihe unserer meist aus 280 Leuten bestehenden Kolonne einen Platz unmittelbar neben sich reserviert hielt. Das war für mich von großer Bedeutung. Man muß sich nur vorstellen: Frühmorgens, noch im Finstern, stellen wir uns auf. Jeder zittert davor, zu spät und daher in eine der hinteren Reihen zu stehen zu kommen. Werden für ein anderes, ungünstiges, unbeliebtes »Arbeitskommando« Leute benötigt, dann erscheint – ein gefürchteter Moment – der Lagerälteste und holt die nötige Anzahl von Männern eben meist aus den letzten Reihen heraus. Die müssen dann zu irgendeinem, aus irgendwelchem Grunde besonders gefürchteten, fremden und ungewohnten Arbeitskommando hinausmarschieren. Es kommt aber auch vor, daß der Lagerälteste – um den »Spekulanten« einen Strich durch die Rechnung zu machen – gerade die ersten Fünferreihen »schnappt«. Alles Betteln oder jeder Protest wird mit ein paar wohlgezielten Fußtritten zum Schweigen gebracht, und die Opfer seiner Auswahl werden mit Püffen und Brüllen über den Appellplatz gejagt.

Solange die Aussprachen meines Capos andauerten, ebenso lange konnte mir so etwas nicht passieren. Ich hatte meinen garantierten reservierten Ehrenplatz neben ihm. Aber noch eines: Wie fast alle Lagerinsassen litt ich um diese Zeit schon an schweren Hungerödemen. Meine Beine waren so geschwollen, dadurch die Haut so prall gespannt, daß ich die Kniegelenke nicht recht beugen konnte; die Schuhe aber mußte ich offen lassen, um mit den geschwollenen Füßen hineinzukommen. Schuhfetzen oder Socken, auch wenn es dergleichen gegeben hätte, wären nicht mehr hineingegangen. So waren die halbnackten Füße immer naß und in den Schuhen immer Schnee. Das hatte natürlich alsbald Erfrierungen, aufgebrochene Frostschäden usw. zur Folge. Buchstäblich jeder einzelne Schritt wurde zu einer kleinen Höllenqual. Außerdem bilden sich beim Marsch über die verschneiten Felder am defekten Schuhwerk Eisstollen. Immer wieder stürzen die Kameraden hin und die nachfolgenden über die gestürzten. Dann stockt der betreffende Teil der Kolonne beim Marsch, die Kolonne reißt auseinander – aber nicht für lange. Denn sofort springt einer der begleitenden Wachtposten herbei und haut mit dem Gewehrkolben auf die Kameraden ein, damit sie nur rasch wieder »aufgehn«. Je weiter vorn in der Kolonne du da marschierst, um so weniger wirken sich die immer wiederkehrenden Störungen auf deine Reihe aus, um so weniger mußt du also immer wieder stehen bleiben, um dann – trotz deiner Schmerzen in den Füßen – im Laufschritt aufzuholen. Wie glücklich mußte ich daher sein, als ehrenvoll berufener Leib-Seelenarzt des Herrn Capo neben ihm selber in der ersten Reihe und daher in ganz gleichmäßigem Tempo marschieren zu dürfen. Zu schweigen von einem zusätzlichen Leistungshonorar: Solange es noch auf den Arbeitsplätzen mittags Suppe gab, konnte ich damit rechnen, daß er bei deren Ausgabe, wenn ich an die Reihe kam, mit dem Schöpflöffel ein wenig tiefer griff und vom Boden des Fasses einige Erbsen heraufholte.

Dieser Capo, ein ehemaliger Offizier, hatte sogar hier die Zivilcourage, jenem über mich so erbosten Vorarbeiter abseits zuzuflüstern, er kenne mich sonst als einen »guten Arbeiter«. Es nützte nichts – aber diese eine meiner Lebensrettungen gelang trotz alledem: der Capo schmuggelte mich am nächsten Tag einfach in ein anderes Arbeitskommando hinein. – Was mit dieser, äußerlich gesehen und relativ betrachtet, gewiß harmlosen Episode gezeigt werden sollte, ist nur, daß auch noch den ziemlich Abgestumpften eine Welle der Empörung überkommen kann, eben nicht über irgendeine äußere Roheit oder einen zugefügten körperlichen Schmerz, sondern über den Hohn, der alles begleitet. Damals schoß mir nur so das Blut in den Kopf, als ich mit anhören mußte, wie ein Mann ohne Ahnung von meinem Leben es wertet – ein Mann (und ich muß bekennen: diese nachträgliche Feststellung gegenüber den umstehenden Kameraden erleichterte mich kindischerweise irgendwie), »ein Mann, so ordinär und brutal wirkend, daß ihn meine Stationsschwester in der Spitalsambulanz nicht einmal in den Warteraum gelassen hätte«.

Es gab auch Vorarbeiter, die mit uns Mitleid hatten und ihr Möglichstes taten, unsere Situation wenigstens auf der Baustelle zu mildern. Zwar hielten auch sie uns immer wieder vor, ein normaler Arbeiter leiste in kürzerer Zeit ein Vielfaches von unserem Pensum. Aber sie waren zugänglich, wenn man ihnen entgegenhielt, ein normaler Arbeiter lebe nicht von 300 Gramm (theoretisch; praktisch weniger) Brot und einem Liter Wassersuppe im Tag; ein normaler Arbeiter stehe nicht unter dem seelischen Druck wie wir, die wir von unseren ebenfalls in Lager verschleppten oder aber gleich vergasten Angehörigen nichts wissen; ein normaler Arbeiter stehe nicht unter der ständigen, täglichen und stündlichen Todesdrohung wie wir usw. usw. Einem gutmütigen Vorarbeiter gegenüber konnte ich mir einmal sogar leisten, zu bemerken: »Wenn Sie, Herr Vorarbeiter, in wenigen Wochen so gut Gehirnpunktionen von mir lernen werden, wie ich diese Erdarbeiten da von Ihnen, dann alle Achtung!« Und er schmunzelte.

Die Apathie als Hauptsymptom der zweiten Phase ist ein notwendiger Selbstschutzmechanismus der Psyche. Die Wirklichkeit wird abgeblendet. Alles Trachten und damit auch das gesamte Gefühlsleben konzentriert sich auf eine einzige Aufgabe: die pure Lebenserhaltung – die eigene und die gegenseitige! So konnte man immer wieder hören, wie die Kameraden, wenn sie am Abend vom Arbeitsplatz ins Lager zurückgehetzt wurden, in den typischen Stoßseufzer ausbrachen: »Nun, wieder ein Tag vorbei!«

### *Die Träume der Häftlinge*

Es ist nur allzu begreiflich, wenn in dieser seelischen Zwangslage und unter dem Druck der Notwendigkeit, sich auf die unmittelbare Lebenserhaltung zu konzentrieren, das ganze Seelenleben auf eine gewisse primitive Stufe hinuntergeschraubt erscheint. Psychoanalytisch orientierte Kollegen unter den Kameraden sprachen daher oft von einer »Regression« des Menschen im Lager, von seinem Rückzug auf eine primitivere Form seelischen Lebens. Deutlich wird diese Primitivität der Wünsche und Strebungen an den typischen Träumen der Häftlinge.

Wovon träumt der Lagerinsasse am häufigsten? Er träumt von Brot, von Torten, von Zigaretten und von einem guten, warmen Wannenbad. Der Fortfall einer Befriedigung der entsprechenden primitivsten Bedürfnisse läßt ihn deren Erfüllung im primitiven Wunschtraum erleben. Was dieses Träumen dem Träumer antut, wenn er zur Wirklichkeit des

Lagerlebens erwacht und den schrecklichen Kontrast zwischen Traumillusion und Lagerwirklichkeit empfindet, ist eine Sache für sich. Ich werde jedenfalls nie vergessen, wie ich eines Nachts dadurch geweckt wurde, daß der neben mir schlafende Kamerad, sichtlich unter der Einwirkung irgend eines schreckhaften Alptraumes, laut stöhnend sich herumwälzte. Ich will hierzu vorerst noch bemerken, daß ich persönlich seit je ein besonderes Mitleid für Menschen empfinde, die irgendwie von ängstlichen Wahn- oder Traumvorstellungen gequält werden. So war ich schon nahe daran, meinen armen, vom Alp geplagten Kameraden zu wecken. In diesem Augenblick erschrak ich über meinen Vorsatz und zog auch schon die Hand wieder zurück, die den Träumer wachrütteln sollte. Denn in diesem Augenblick war mir so ganz intensiv zu Bewußtsein gekommen, daß kein Traum, auch nicht der schrecklichste, so arg sein kann wie die Realität, die uns dort im Lager umgab und zu deren wach-bewußtem Erleben jemanden zu erwecken ich im Begriffe war ...

## *Hunger*

Die denkbar höchstgradige Unterernährung, unter der die Häftlinge zu leiden hatten, läßt es selbstverständlich erscheinen, daß innerhalb der primitiven Triebhaftigkeit, zu der das seelische Leben im Lager »regrediert«, der Nahrungstrieb im Mittelpunkt steht. Beobachten wir einmal das Gros der Häftlinge, wenn sie auf dem Arbeitsplatz beisammenstehen und gerade einmal nicht scharf beaufsichtigt werden. Sogleich werden sie vom Essen zu reden beginnen! Sofort wird einer damit anheben, sich nach den Lieblingsspeisen des Kameraden zu erkundigen, der da neben ihm im Graben arbeitet.

Dann fangen sie an, Kochrezepte auszutauschen und Menüs zusammenzustellen für den Tag, an dem sie einander zu einer kleinen Wiedersehensfeier einladen wollen, dereinst, wenn sie befreit und heimgekehrt sind. Dies alles sich auszumalen, davon werden sie dann nicht mehr ablassen können, bis plötzlich das Aviso, meist in getarnter Form, z.B. durch Nennung bestimmter Ziffern, im Graben weitergegeben wird: Der Posten kommt! Ich selbst habe diese fortwährenden, fast zwangsvorstellungsmäßigen Gespräche vom Essen (im Lager nannte man diese Gespräche »Magenonanie«) immer für bedenklich gehalten. Man soll nicht den Organismus, dem es nun einmal halbwegs schon gelungen ist, sich auf die äußerst niedrigen Rationen bzw. Kalorienmengen irgendwie einzustellen, durch solche intensiven und affektgeladenen Vorstellungen von Leckerbissen und dergleichen gleichsam provozieren. Was einem da psychisch momentan Erleichterung verschaffen mag, sind Illusionen, die sich im Physiologischen sicher nicht ungefährlich auswirken werden.

In der letzten Zeit bestand die tägliche Nahrung aus einer einmal im Tag verabreichten, recht wässerigen Suppe und der angeführten kleinen Brotration; dazu kam die sogenannte Zubuße, bestehend entweder aus 20 g Margarine oder einer Scheibe minderwertiger Wurst oder einem kleinen Stückchen Käse oder Kunsthonig oder einem Löffel flüssiger Marmelade usf., täglich wechselnd. Kalorienmäßig eine absolut unzureichende Ernährung, erst recht in Anbetracht der schweren körperlichen Arbeit, des Ausgesetztseins gegenüber dem Frost, noch dazu in höchst mangelhafter Kleidung.

Kranke, die in »Schonung« waren, also in der Baracke liegenbleiben durften und nicht zur Außenarbeit das Lager verlassen mußten, waren noch schlechter dran. Waren einmal die allerletzten Reste Fett im Unterhautzellgewebe aufgebraucht, sahen wir einmal wie mit Haut und darüber einigen Fetzen verkleidete Gerippe aus, dann konnten wir zusehen, wie der Körper sich selbst aufzufressen begann: der Organismus zehrte sein eigenes Eiweiß auf, die Muskulatur schwand dahin. Nun hatte der Körper auch keinerlei Widerstandskräfte mehr. Einer nach dem andern aus der Gemeinschaft der Baracke starb weg. Jeder konnte sich ziemlich genau ausrechnen, wer der nächste sein werde und wann er selber an die Reihe komme. Kannte man doch aus der mannigfachen Beobachtung schon zur Genüge die Symptome, die solche Prognosen mit ziemlich sicher voraussagbarem Termin ermöglichten. »Der macht's nicht mehr lang«, oder: »Der ist der Nächste«, so etwa flüsterten wir einander zu. Und wenn wir, abends vor dem Schlafengehen uns entlausend, den eigenen Körper nackt sahen, da dachte jeder von uns beiläufig dasselbe: Eigentlich ist dieser Körper da, mein Körper, schon ein Kadaver. Was war man noch? Ein kleiner Teil einer großen Masse Menschenfleisch; einer Masse hinter Stacheldrähten, die in ein paar Erdhütten gezwängt war; einer Masse, von der täglich ein ganz bestimmter Prozentsatz zu faulen begann, weil er leblos geworden war.

Wir sprachen vorhin vom zwangsvorstellungsartigen Charakter der Gedanken ans Essen oder an einzelne Lieblingsspeisen, die sich dem Häftling, sobald er nur ein bißchen Zeit oder im Bewußtsein dafür Platz hat, aufzudrängen pflegen. So ist es zu verstehen, daß gerade die Besten unter uns die Zeit herbeisehnten, in der sie wieder einmal halbwegs normal verköstigt sein könnten, aber nicht um des guten Essens willen, sondern damit dieser menschenunwürdige Zustand endlich aufhöre, in dem man eben an nichts anderes denken kann als ans Essen.

Von den seelisch aufreibenden inneren Konflikten und Willenskämpfen, die im Hungernden vor sich gehen, macht sich derjenige schwer einen Begriff, der so etwas nicht aus eigenem Erleben kennt. Für ihn ist es schwer begreiflich, was das heißt: im Graben stehen, pickeln und dabei immer horchen, ob die Sirene schon halb zehn bzw. zehn Uhr anzeigt; immer warten, ob die halbstündige Mittagspause heranrückt – mit der Ausgabe der »Brotzeit« (solange noch Brotzeit ausgegeben wurde); den Vorarbeiter, wenn er kein unangenehmer Mensch ist, oder vorübergehende Zivilisten immer wieder fragen, wie spät es sei, und in der Rocktasche ein kleines Stück Brot mit den vom Frost klammen, unbehandschuhten Fingern zärtlich abtasten, ein Stückchen vom Brot abbrechen, zum Munde führen, um dann, in letzter Willensanspannung, es wieder in die Tasche wandern zu lassen: man hatte sich nämlich an diesem Morgen geschworen, bis Mittag durchzuhalten.

Endlose Debatten über die Vernünftigkeit bzw. Unvernünftigkeit gewisser Prinzipien, die in der letzten Zeit einmal täglich verabfolgte geringe Brotration einzuteilen, konnten uns beschäftigen. Zwei große Parteien gab es da. Die einen waren dafür, was man bekam, sofort zur Gänze aufzuessen; dies hatte den doppelten Vorteil, daß man wenigstens einmal im Tag den ärgsten Hunger für ganz kurze Zeit betäuben konnte und zweitens vor Diebstählen und sonstigem Verlust der Ration bewahrt war. Die Gegenpartei hatte wieder andere Argumente zur Verfügung. Was mich anlangt, lief ich schließlich zu dieser Gegenpartei über. Ich hatte dazu meinen persönlichen Grund: Der furchtbarste Augenblick innerhalb der alltäglichen 24 Stunden des Lagerlebens war das Erwachen. Wenn uns die drei schrillen Pfiffe, die das »Aufstehen!« kommandierten, noch zu halb nächtlicher Stunde aus dem Schlaf der Erschöpfung und der Sehnsuchtsträume erbarmungslos herausrissen, wenn es jetzt galt, den Kampf mit den nassen Schuhen aufzunehmen, in die die wunden und vom Hungerödem geschwellten Füße kaum hineinzubringen waren, wenn so in den ersten Minuten des Wachlebens das Gejammer und Geschimpfe über die Tücke von Objekten, wie Schuhriemen ersetzenden, dann aber brechenden Drähten usw., anhob, wenn man ansonsten tapfere Kameraden wie Kinder weinen hörte, weil sie schließlich, die durch Feuchtigkeit zu eng gewordenen Schuhe in der Hand tragend, bloßfüßig auf den verschneiten Appellplatz hinauslaufen mußten – in diesen gräßlichen Minuten gab es für mich einen schwachen Trost: ein vom Abend aufgespartes Stückchen Brot aus der Tasche ziehen und – ganz hingegeben diesem Genuß – es verzehren.

## *Sexualität*

Führt die Unterernährung dazu, daß die primitive Triebhaftigkeit, die den Lagerhäftling im zweiten Stadium seiner inneren Anpassung an das Lagerleben ergreift, den Nahrungstrieb in den Bewußtseinsvordergrund rückt, so erklärt wahrscheinlich hauptsächlich diese Unterernährung auch die Tatsache, daß der Sexualtrieb im allgemeinen schweigt. Abgesehen von der anfänglichen Schockwirkung ist es wohl nur so zu verstehen, was dem Psychologen in diesen Massenquartieren von Männern auffällt: daß, im Gegensatz zum Massenleben in andern Ubikationen (Kasernen und dergleichen), hier nicht »geschweinigelt« wird. Und auch in den Träumen der Häftlinge tauchen sexuelle Inhalte fast niemals auf, während die im Sinne der Psychoanalyse »zielgehemmten Strebungen«, also die ganze Liebessehnsucht des Häftlings und anderweitige Regungen, im Traum sehr wohl zum Vorschein kommen.

### *Unsentimentalität*

Bei der überwiegenden Mehrzahl des durchschnittlichen Lagerhäftlings wirkt sich die primitive Triebhaftigkeit, das Sichkonzentrieren-Müssen auf die ständig in Frage gestellte simple Lebenserhaltung, in einer radikalen Entwertung alles dessen aus, was diesem exklusiven Interesse nicht dient. Daraus erklärt sich die absolute Unsentimentalität, mit der der Häftling die Dinge gewöhnlich beurteilt. Drastisch kam mir als damals verhältnismäßig Unerfahrenem diese Einstellung zu Bewußtsein, als ich von Auschwitz nach Bayern in ein Dachauer Filiallager transportiert wurde. Der Zug, der uns – ungefähr 2000 Häftlinge – dorthin brachte, fuhr über Wien. Wir passierten einen Wiener Bahnhof nach Mitternacht. Die weitere Strecke führte uns an der Gasse vorbei, in einem deren Häuser ich zur Welt gekommen bin und Jahrzehnte meines Lebens, nämlich bis zum Tage meiner Deportierung gewohnt habe. Wir befanden uns zu fünfzig in je einem kleinen Gefangenenwaggon, der zwei kleine, vergitterte Luken besaß. Da ohnehin jeweils nur eine Gruppe von uns auf dem Boden hocken konnte, während die übrigen stundenlang zu stehen gezwungen waren, drängten sich letztere meistens zu diesen Luken. Auch ich war unter ihnen. Was ich, zwischen den Köpfen vor mir und durch die Gitterstäbe hindurch, auf den Zehenspitzen stehend, von meiner Vaterstadt sehen konnte, wirkte ungemein gespenstisch. Wir alle fühlten uns mehr tot als lebendig. Man nahm an, der

Transport gehe nach Mauthausen. Wir rechneten daher mit keiner längeren Lebensdauer als durchschnittlich ein bis zwei Wochen. Die Straßen, Plätze, Häuser meiner Kindheit und Heimat sah ich – dies war ein deutliches Gefühl –, als ob ich bereits gestorben wäre und wie ein Toter aus dem Jenseits, selber ein Gespenst, auf diese gespenstisch wirkende Stadt herabsähe. – Jetzt fährt der Zug aus der Station, nach stundenlangem Warten. Jetzt kommt die Gasse – meine Gasse! Da fange ich zu betteln an: die jungen Burschen, die viele Jahre Lagerleben schon hinter sich haben und für die eine solche Reise allerhand an Eindrucksmöglichkeiten und Erlebnisfülle bedeutet, gaffen aufmerksam durch die Luke. Sie bitte ich nun, mich doch bloß für einen Augenblick vorzulassen. Ich versuche ihnen verständlich zu machen, was gerade ein Blick da hinaus für mich eben bedeutet. Halb grob und empört, halb höhnisch und verächtlich wird meine Bitte aber abgelehnt und mit der Bemerkung quittiert: »So viele Jahre hast du da gewohnt? Na, dann hast du ja schon genug gesehen!«

### *Politik und Religion*

Diese Unsentimentalität des langjährigen Lagerhäftlings ist eben eine der gefühlsmäßigen Ausdruckserscheinungen der Entwertung all dessen, was nicht dem primitivsten Interesse der Lebenserhaltung nützen kann. Alles übrige muß dem Häftling als ausgesprochener Luxus erscheinen. Dies führt zu einem Zurücknehmen aller geistigen Fragen, einem Zurückziehen aller höheren Interessen. Im allgemeinen herrscht im Lager sozusagen ein *kultureller Winterschlaf.* Ausgenommen von dieser mehr oder minder gesetzmäßigen Erscheinung sind nur zweierlei Interessen: erstens politische Interessen – begreiflicherweise – und zweitens – bemerkenswerterweise – das religiöse Interesse. Politisiert wird im Lager allenthalben und fast ununterbrochen, und handle es sich auch nur um ein begieriges Aufnehmen und Weiterleiten der durchgesickerten Gerüchte, etwa über die momentane militärische Lage oder dergleichen. Da die Gerüchte jedoch größtenteils einander widersprechen und widersprechende Gerüchte einander in rascher Abfolge ablösen, stellen sie schließlich nichts weiter dar als einen Beitrag zum aufreibenden »Nervenkrieg« in den Seelen der Häftlinge. Denn immer wieder und immer mehr wurden die aufschießenden Hoffnungen auf ein baldiges Kriegsende, von dem die meisten, die optimistischen Gerüchte wissen wollten, enttäuscht, bis einzelne Gemüter in endgültige Hoffnungslosigkeit versanken. Gerade die grundsätzlichen Optimisten unter uns waren es, die einem dabei oft am meisten auf die Nerven gingen.

Das religiöse Interesse der Häftlinge, sobald und sofern es aufkeimt, ist das denkbar innigste. Der neu hinzugekommene Lagerinsasse wird oft nicht ohne Erschütterung von der Lebendigkeit und Tiefe religiösen Empfindens überrascht sein. Am eindrucksvollsten in dieser Beziehung sind wohl die improvisierten Gebete oder Gottesdienste, wie wir sie im Winkel einer Lagerbaracke erleben konnten oder in einem finsteren, versperrten Viehwaggon, in dem wir von einer entfernter gelegenen Baustelle, müde, hungrig, frierend in unseren durchnäßten Fetzen, nach der Arbeit ins Lager zurückgebracht wurden.

Das Fleckfieber – an dem im Winter und Frühjahr 1945 bekanntlich fast alle Lagerinsassen erkrankten – hatte, abgesehen von der großen Sterblichkeit unter den entkräfteten, bis zuletzt schwer arbeitenden, dann höchst unzulänglich untergebrachten und medikamentös oder pflegerisch meist überhaupt nicht versorgten Kranken, einige sehr unangenehme Begleiterscheinungen: einen kaum überwindlichen Ekel vor jedem Bissen Essen (eine zusätzliche Lebensgefährdung darstellend) und die schrecklichen Delirien! Um diesen auszuweichen, tat ich dasselbe wie viele andere: ich versuchte, mich den größten Teil der Nacht wach zu halten. Stundenlang hielt ich im Geiste Reden. Schließlich begann ich, auf winzige Zettel stenographische Stichworte hinkritzelnd, mit der Rekonstruktion jenes Manuskripts, das ich in der Auschwitzer Desinfektionsbaracke hinwerfen mußte. Das Allerschwerste aber, was mir bezüglich der Delirien je geschildert wurde, mußte ein Kamerad erleben, der sich im Fleckfieber dem Tode nahe wußte und nun beten wollte – im Fieberdelir aber konnte er die Worte nicht finden ...

## *Eine spiritistische Séance*

Hie und da mag einmal auch eine wissenschaftliche Debatte, auch im Lager, sich entspinnen. Ja, einmal habe ich im Lager sogar etwas erlebt, was ich, obzwar es mir professionell irgendwie naheliegen mußte, nicht einmal im früheren, normalen Leben kennengelernt hatte: eine spiritistische Séance. Ich war vom Oberarzt des Lagers, der in mir einen psychologischen Fachmann witterte, zu einer höchst geheimen Veranstaltung in dem engen Verschlag eingeladen, den er im Krankenrevier zur Behausung hatte. Dort versammelte sich ein kleiner Kreis, u.a. höchst illegalerweise der Sanitätsunteroffizier unseres Lagers. Ein ausländischer Kollege begann, mit einer Art Gebet die Geister zu beschwören. Der Revierschreiber saß vor einem leeren Blatt Papier und sollte einen

Bleistift darauf halten, ohne jede bewußte Absicht, irgend etwas niederzuschreiben. Im Verlaufe von zehn Minuten – danach wurde die Sitzung wegen angeblichen Versagens der Geister oder des Mediums abgebrochen – zog nun sein Bleistift ganz, ganz langsam ein paar Linien übers Papier, die deutlich zu entziffern waren als »vae v«. Man beteuerte, der Lagerschreiber habe nie Latein gelernt und auch noch nie die Worte »vae victis!« – wehe den Besiegten! – gehört. Fragt man mich, dann sage ich: unbewußt wird er sie wohl schon einmal, irgendwann in seinem Leben, gehört und übersetzt bekommen haben und »dem Geist« – dem Geiste seines Unterbewußtseins – mußte es in unserer damaligen Situation, wenige Monate vor unserer Befreiung bzw. dem Kriegsende, naheliegen, gerade an diese Worte zu denken ...

## *Die Flucht nach innen*

Trotz aller Primitivität, in die der Mensch im Konzentrationslager nicht nur äußerlich, sondern auch in seinem Innenleben zurückgeworfen ist, machen sich, wenn auch sporadisch, doch Ansätze bemerkbar im Sinne einer ausgesprochenen Tendenz zur Verinnerlichung. Empfindsame Menschen, die von Haus aus gewohnt sind, in einem geistig regen Dasein zu stehen, werden daher unter Umständen trotz ihrer verhältnismäßig weichen Gemütsveranlagung die so schwierige äußere Situation des Lagerlebens zwar schmerzlich, aber doch irgendwie weniger destruktiv in bezug auf ihr geistiges Sein erleben. Denn gerade ihnen steht der Rückzug aus der schrecklichen Umwelt und die Einkehr in ein Reich geistiger Freiheit und inneren Reichtums offen. So und nur so ist die Paradoxie zu verstehen, daß manchmal die zarter Konstituierten das Lagerleben besser überstehen konnten als die robusteren Naturen.

Um derartiges Erleben halbwegs verständlich zu machen, bin ich freilich wieder gezwungen, auf Persönliches zurückzugreifen. Wie war es doch damals, wenn wir zu früher Morgenstunde aus dem Lager zum Bauplatz, zur »Baustelle« hinausmarschierten? Ein Kommando ertönt: »Arbeitskommando Weingut, im Gleichschritt – marsch!! Links – 2 – 3 – 4 – links – 2 – 3 – 4 – links – 2 – 3 – und-links – 2 – 3 – 4! Vordermann, Seitenrichtung! Links – und – links – und – links – Mützen ab!« So läßt es die Erinnerung nun wieder in meinem Ohr erklingen. Bei »Mützen ab!« passieren wir das Lagertor. Scheinwerfer sind auf uns gerichtet. Wer jetzt nicht stramm und schön ausgerichtet in der Fünferreihe marschiert, hat mit dem Tritt eines Stiefelabsatzes zu rechnen. Womöglich übler dran ist derjenige, der wegen der Kälte die Mütze wieder über die Ohren zu ziehen gewagt hat, noch bevor das Kommando hierzu die Erlaubnis gibt. Jetzt stolpern wir in der Finsternis weiter über die großen Steine und durch die meterlangen Pfützen der Lagerzufahrtsstraße. Immer wieder brüllen die begleitenden Wachtposten und treiben uns mit dem Gewehrkolben an. Wer sehr wunde Füße hat, hängt seinen Arm in den seines Nebenmannes, dessen Füße etwas weniger schmerzen. Es wird unter uns kaum ein Wort gewechselt; der eisige Wind vor Sonnenaufgang läßt es nicht ratsam erscheinen. Den Mund hinter dem aufgeschlagenen Rockkragen versteckt, murmelt nun der neben mir marschierende Kamerad plötzlich: »Du – wenn unsere Frauen uns jetzt sähen …! Hoffentlich geht's ihnen in ihren Lagern besser; hoffentlich ahnen sie nichts davon, wie es uns geht.« Da steht das Bild meiner Frau vor mir!

Während wir kilometerweit dahinstolpern, im Schnee waten oder auf vereisten Stellen ausgleiten, immer wieder einander stützend, uns gegenseitig hochreißend und vorwärtsschleppend, fällt kein Wort mehr, aber wir wissen in dieser Stunde: jeder von uns denkt jetzt nur an seine Frau. Von Zeit zu Zeit schau ich zum Himmel hinauf, wo die Sterne verblassen, oder dort hinüber, wo hinter einer düsteren Wolkenwand das Morgenrot beginnt. Aber mein Geist ist jetzt erfüllt von der Gestalt, die er in jener unheimlich regen Phantasie festhält, die ich früher, im normalen Leben, nie gekannt hatte. Ich führe Gespräche mit meiner Frau. Ich höre sie antworten, ich sehe sie lächeln, ich sehe ihren fordernden und ermutigenden Blick, und – leibhaftig oder nicht – ihr Blick leuchtet jetzt mehr als die Sonne, die soeben aufgeht. Da durchzuckt mich ein Gedanke: Das erstemal in meinem Leben erfahre ich die Wahrheit dessen, was so viele Denker als der Weisheit letzten Schluß aus ihrem Leben herausgestellt und was so viele Dichter besungen haben; die Wahrheit, daß Liebe irgendwie das Letzte und das Höchste ist, zu dem sich menschliches Dasein aufzuschwingen vermag. Ich erfasse jetzt den Sinn des Letzten und Äußersten, was menschliches Dichten und Denken und – Glauben auszusagen hat: die Erlösung durch die Liebe und in der Liebe! Ich erfasse, daß der Mensch, wenn ihm nichts mehr bleibt auf dieser Welt, selig werden kann – und sei es auch nur für Augenblicke –, im Innersten hingegeben an das Bild des geliebten Menschen. In der denkbar tristesten äußeren Situation, in eine Lage hineingestellt, in der er sich nicht verwirklichen kann durch ein Leisten, in einer Situation, in der seine einzige Leistung in einem rechten Leiden – in einem aufrechten Leiden bestehen kann, in solcher Situation vermag der Mensch, im liebenden Schauen, in der Kontemplation des geistigen Bildes, das er vom geliebten Menschen in sich trägt, sich zu erfüllen. Das erstemal in meinem Leben bin ich imstande zu begreifen, was gemeint ist, wenn gesagt wird: die Engel sind selig im endlos liebenden Schauen einer unendlichen Herrlichkeit ...

Vor mir stürzt ein Kamerad, die hinter ihm Marschierenden kommen dadurch zu Fall. Schon ist der Posten zur Stelle und drischt auf sie ein. Für wenige Sekunden ist mein betrachtendes Leben unterbrochen. Aber im Nu schwingt sich meine Seele wieder auf, rettet sich wieder aus dem Diesseits der Häftlingsexistenz in ein Jenseits und nimmt wieder die Zwiesprache auf mit dem geliebten Wesen: Ich frage – sie antwortet; sie fragt – ich antworte. »Halt!« Wir sind an der Baustelle angelangt. »Jeder holt sein Gerät – jeder nimmt einen Pickel und eine Schaufel!« Und jeder stürzt in die stockfinstere Hütte hinein, um nur ja einen handlichen Spaten oder einen festen Krampen zu erwischen. »Wollt ihr nicht rascher machen, ihr Schweinehunde?« Bald stehen wir im Graben, jeder an seinem Platz von gestern. Der vereiste Boden splittert unter der Spitze der Hacke, Funken stieben. Noch tauen die Gehirne nicht auf, noch schweigen die Kameraden. Und noch haftet mein Geist an dem Bild des geliebten Menschen. Noch spreche ich mit ihm, noch spricht er mit mir. Da fällt mir etwas auf: Ich weiß ja gar nicht, ob meine Frau noch lebt! Da weiß ich eines – jetzt habe ich es gelernt: So wenig meint Liebe die körperliche Existenz eines Menschen, so sehr meint sie zutiefst das geistige Wesen des geliebten Menschen, sein »So-sein« (wie es die Philosophen nennen), daß sein »Dasein«, sein Hier-bei-mir-sein, ja seine körperliche Existenz überhaupt, sein Am-Leben-sein, irgendwie gar nicht mehr zur Diskussion steht. Ob der geliebte

Mensch noch lebt oder nicht: ich weiß es nicht, ich kann es nicht wissen (während der ganzen Lagerhaft gab es ja weder Briefschreiben noch Postempfang); aber in diesem Augenblick ist es irgendwie gegenstandslos geworden. Ob der geliebte Mensch lebt oder nicht – irgendwie brauche ich es jetzt gar nicht zu wissen: meiner Liebe, dem liebenden Gedenken, der liebenden Schau seiner geistigen Gestalt, kann das alles nichts mehr anhaben. Wenn ich damals gewußt hätte, meine Frau ist tot, ich glaube, ich hätte ungestört durch dieses Wissen innerlich genau so hingegeben sein können an diese liebende Schau, diese geistige Zwiesprache wäre genau so intensiv gewesen und genau so erfüllend. So weiß ich in diesem Augenblick um die Wahrheit: »Setze mich wie ein Siegel auf dein Herz ... Denn Liebe ist stark wie der Tod.« (Das Hohelied, VIII, 6.)

### *Meditationen im Graben*

Die mögliche Verinnerlichung, die bei dem, der dazu bereit ist, das Leben im Konzentrationslager erfährt, führt auch dazu, daß er aus der Leere und Öde, aus der geistigen Inhaltsarmut des gegenwärtigen Daseins in die Vergangenheit flüchtet. Sich selbst überlassen, beschäftigt sich seine Phantasie immer wieder mit verflossenen Erlebnissen, aber nicht etwa mit den großen Erlebnissen – die alltäglichste Begebenheit, die nichtigsten Dinge oder Geschehnisse seines früheren Lebens sind es oft, um die sein Denken kreist. In der wehmutsvollen Erinnerung erscheinen sie dem Häftling dann wie verklärt. Abgewendet von der Umwelt und von der Gegenwart, rückgewendet in die Vergangenheit, gewinnt das Innenleben ein eigenartiges Gepräge. Die Welt und das Leben sind entrückt. Sehnsüchtig langt der Geist nach ihnen zurück: Man fährt mit der Straßenbahn, man kommt nach Hause, sperrt die Wohnungstür auf, das Telefon klingelt, man hebt den Hörer ab, man schaltet die elektrische Zimmerbeleuchtung ein – solche scheinbar lächerlichen Details sind es, die der Häftling in seinem Rückerinnern gleichsam streichelt. Ja, die wehmütige Erinnerung an sie vermag ihn zu Tränen zu rühren! Diese Tendenz zur Verinnerlichung, die sich bei manchen Häftlingen geltend macht, führt dort, wo sich die Gelegenheit hierzu bietet, zu intensivstem Erleben von Kunst oder Natur. Und die Intensität solchen Erlebens kann die Umwelt und die ganze furchtbare Situation vollends vergessen lassen. Wer unsere Gesichter gesehen hätte, strahlend vor Entzücken, als wir durch die vergitterten Luken eines Gefangenentransportwaggons auf der Bahnfahrt von Auschwitz in ein bayerisches Lager auf die Salzburger Berge hinaussahen, deren Gipfel gerade im Abendrot erstrahlten, der hätte es nie glauben können, daß es die Gesichter von Menschen waren, die praktisch mit ihrem Leben abgeschlossen hatten; trotzdem – oder gerade deshalb? – waren sie hingerissen vom jahrelang entbehrten Anblick der Naturschönheit. Und auch noch im Lager, bei der Arbeit, macht der eine oder andere den neben ihm schuftenden Kameraden gelegentlich einmal auf irgendein prächtiges Bild aufmerksam, das sich da seinen Blicken bieten mag – etwa mitten im Bayerischen Wald (wo es getarnte, unterirdische Riesenfabriken für Rüstungszwecke zu bauen galt), zwischen dessen hohen Baumstämmen vielleicht gerade die untergehende Sonne so hindurchleuchtet wie in dem bekannten Aquarell von Dürer. Oder es kam einmal dazu, daß eines Abends, als wir, todmüde von der Arbeit, die Suppenschüssel in der Hand, in den Baracken auf dem Erdboden schon hingestreckt lagen, plötzlich ein Kamerad hereinstürzte, um uns aufzufordern, hinauszueilen auf den Appellplatz, trotz aller Müdigkeit und trotz der Kälte draußen, nur um uns den Anblick eines Sonnenuntergangs nicht entgehen zu lassen.

Und wenn wir dann draußen die düster glühenden Wolken im Westen sahen und den ganzen Horizont belebt von den vielgestaltigen und stets sich wandelnden Wolken mit ihren phantastischen Formen und überirdischen Farben vom Stahlblau bis zum blutig glühenden Rot und darunter, kontrastierend, die öden grauen Erdhütten des Lagers und den sumpfigen Appellplatz, in dessen Pfützen noch sich die Glut des Himmels spiegelte, dann fragte der eine den andern, nach Minuten ergriffenen Schweigens: »Wie schön könnte die Welt doch sein!« ...

## *Monolog im Morgengrauen*

Oder: Du stehst im Graben bei der Arbeit; grau ist die Morgendämmerung um dich, grau ist der Himmel über dir, grau ist der Schnee im fahlen Dämmerlicht, grau sind die Lumpen, in die deine Kameraden gehüllt sind, grau sind ihre Gesichter. Wieder hebst du an mit deiner Zwiesprache mit dem geliebten Wesen, oder, zum tausendsten Mal, beginnst du dein Klagen und dein Fragen zum Himmel zu schicken. Zum tausendsten Mal ringst du um eine Antwort, ringst du um den Sinn deines Leidens, deines Opfers – um den Sinn deines langsamen Sterbens. In einem letzten Aufbäumen gegen die Trostlosigkeit eines Todes, der vor dir ist, fühlst du deinen Geist das Grau, das dich umgibt, durchstoßen, und in diesem letzten Aufbäumen fühlst du, wie dein Geist über diese ganze trostlose und sinnlose Welt hinausdringt und auf deine letzten Fragen um einen letzten Sinn zuletzt von irgendwoher dir ein sieghaftes »Ja!« entgegenjubelt. Und in diesem Augenblick – leuchtet ein Licht auf in einem fernen Fenster eines Bauerngehöfts, das wie eine Kulisse am Horizont steht, inmitten des trostlosen Grau eines dämmernden bayrischen Morgens –, »et lux in tenebris lucet«, und das Licht leuchtet in der Finsternis ... Nun hast du wieder durch Stunden den eisigen Boden aufgehackt, nun ist gerade wieder der Wachtposten vorübergekommen, um dich ein wenig zu höhnen, und nun fängst du wieder an, Zwiesprache zu halten mit dem geliebten Wesen. Immer mehr fühlst du, es sei anwesend, spürst du: sie ist da. Du glaubst, nach ihr greifen zu können, nur die Hand ausstrecken zu müssen, um ihre Hand zu fassen. Ganz stark überkommt dich das Gefühl: sie – ist – da! Da – im gleichen Augenblick – was ist das? Lautlos ist ein Vogel herbeigeflattert und läßt sich unmittelbar vor dir nieder, auf den Erdschollen, die du aus dem Graben geschaufelt, und äugt dich unverwandt und regungslos an ...

## *Kunst im KZ*

Wir sprachen vorhin von Kunst. Kunst im Konzentrationslager, gibt's das auch? Je nach dem freilich, was man Kunst nennt. Immerhin, von Zeit zu Zeit gab es auch improvisierte Kabarettveranstaltungen. Eine Baracke wird vorübergehend geräumt, ein paar Holzbänke werden zusammengeschleppt oder zurechtgezimmert und ein »Programm« zusammengestellt. Und am Abend kommen die, die es im Lager verhältnismäßig gut getroffen haben, z.B. die Capos oder Lagerarbeiter, die nicht zu Außenkommandos hinausmarschieren müssen; sie kommen, um ein wenig zu lachen oder zu weinen, auf jeden Fall: ein wenig zu vergessen. Ein paar Lieder, die gesungen werden, ein paar Gedichte, die aufgesagt werden, ein paar Späße, die gemacht werden, auch mit satirischer Tendenz in bezug auf das Lagerleben, dies alles soll vergessen helfen. Und es hilft! Es hilft sogar so sehr, daß die vereinzelten nichtprominenten, gewöhnlichen Lagerhäftlinge, die sich trotz des Tages Mühen ins Lagerkabarett begeben, es in Kauf nehmen, daß sie dadurch die Suppenausteilung versäumen.

Wer eine wirklich gute Stimme hatte, den mußte man nicht wenig beneiden: In der halbstündigen Mittagspause etwa, in der noch, zur ersten Zeit unseres Lageraufenthalts, auf dem Arbeitsplatz Suppe ausgegeben wurde (welche die Baufirma bezahlen mußte und sich daher nicht viel kosten ließ), in dieser Mittagspause durften wir uns in einer noch nicht fertiggebauten Maschinenhalle versammeln; beim Eintritt bekam jeder einen Schöpflöffel voll Wassersuppe. Während wir sie aber begierig schlürften, stieg ein Kamerad auf ein Faß und sang uns italienische Arien vor. Hatten wir den musikalischen Genuß, so hatte er eine garantierte Doppelportion Suppe, und zwar »von unten«, das heißt: sogar mit Erbsen.

Lohn gab es im Lager aber nicht nur für Kunst, sondern auch – für Beifall. Ich zumindest hätte – glücklicherweise wurde es nicht nötig – bei jenem Capo Protektion gehabt, der wohl der gefürchtetste im Lager war und, sicher aus mehr als einem Grunde, allgemein den Namen »Mörder-Capo« führte. Und warum? Eines Abends wurde mir die unglaubliche »Ehre« zuteil, in dieselbe Ubikation eingeladen zu werden, in der die oben besprochene spiritistische Séance stattgefunden hatte. Wieder gab es ein Plaudern in einer intimen Gesellschaft des Oberarztes (der selber Häftling war) und wieder in der höchst illegalen Anwesenheit des Sanitätsunteroffiziers. Als nun der Mördercapo zufällig den Raum betrat, bat man ihn, doch einmal eines seiner Gedichte zum besten zu geben, deren Ruhm schon weit ins Lager gedrungen war. Er ließ sich nicht zweimal bitten und brachte eine Art Tagebuch herbei. Daraus begann er dann Proben seiner Dichtkunst vorzutragen. Daß ich nun beim Anhören eines seiner Liebesgedichte nicht in Lachen ausbrach, kostete mich zwar wundgebissene Lippen, rettete mir aber wohl das Leben; daß ich jedoch darüber hinaus mit Beifall nicht geizte, das hätte mir sogar das Leben gerettet, wenn ich seinem Arbeitskommando zugeteilt worden wäre – es war dies vorher nur ein einzigesmal, für einen einzigen Tag geschehen, und ich hatte schon von diesem einen Mal genug ... Für alle Fälle war es aber gut, dem Mördercapo in günstigem Sinne nicht unbekannt zu sein. So klatschte ich also in die Hände, was ich nur konnte, obzwar sicher nur die geringste Lächerlichkeit im Liebesgedicht des Mördercapos darin bestand, daß sich fortwährend »Liebe« auf »Triebe« und »Herz« auf »Schmerz« reimten.

Natürlich ist im großen und ganzen jeder sogenannte Kunstbetrieb im Lager voll des Grotesken; ja, ich möchte sagen, das eigentliche Erlebnis all dessen, was irgendwie mit Kunst zusammenhängt, ergibt sich so recht aus der gespenstischen Kontrastwirkung des Dargebotenen gegenüber dem Hintergrund des trostlosen Lagerlebens. Ich werde es nie vergessen können, wie ich in der zweiten Nacht in Auschwitz aus dem tiefen Schlaf der Erschöpfung erwachte, geweckt durch – Musik: Der Blockälteste hatte in seiner Kammer, die gleich neben dem Barackeneingang lag, irgendeine Feier veranstaltet, und besoffene Stimmen gröhlten Schlagermelodien. Dann war plötzlich Ruhe – und eine Geige weinte einen unendlich traurigen, selten gespielten, nicht abgedroschenen

Tango ... Die Geige weinte – in mir weinte etwas mit. Denn an diesem Tage hatte jemand seinen vierundzwanzigsten Geburtstag; dieser Jemand lag in irgendeiner Baracke des Auschwitzer Lagers, also nur ein paar hundert oder ein paar tausend Meter von mir entfernt – und doch unerreichbar; dieser Jemand war meine Frau.

## *Lagerhumor*

Ist es schon erstaunlich genug für den Außenstehenden, daß es im Konzentrationslager so etwas wie Natur- oder Kunsterleben gibt, so mag es noch erstaunlicher klingen, wenn ich sage, daß es dort auch Humor gibt. Freilich: wiederum nur in Ansätzen, und wenn, dann natürlich nur für Sekunden oder Minuten. Auch der Humor ist eine Waffe der Seele im Kampf um ihre Selbsterhaltung. Ist es doch bekannt, daß der Humor wie kaum sonst etwas im menschlichen Dasein geeignet ist, Distanz zu schaffen und sich über die Situation zu stellen, wenn auch nur, wie gesagt, für Sekunden.

Einen Freund und Kollegen, neben dem ich durch Wochen auf der Baustelle arbeitete, dressierte ich nachgerade auf Humor: Ich schlug ihm einmal vor, uns gegenseitig zu verpflichten, täglich mindestens eine lustige Geschichte zu erfinden, und zwar etwas, das sich dereinst, nach der Befreiung und Rückkehr, ereignen könnte. Er war Chirurg, war Assistent an einer chirurgischen Spitalsabteilung gewesen. So versuchte ich denn einmal, ihn zum Beispiel dadurch zum Lächeln zu bringen, daß ich ihm ausmalte, wie er später, nach seiner Heimkehr und Rückkehr in den früheren Tätigkeitsbereich, die Gewohnheiten seines Lagerlebens nicht mehr ganz würde loswerden können. Hierzu muß vorerst bemerkt werden, daß am Arbeitsplatz, zumal wenn der Bauleiter zur Inspektion herannaht, der Aufseher rechtzeitig das Tempo zu beschleunigen trachtet, indem er mit dem üblichen Ruf: »Bewegung, Bewegung!« die Arbeitenden aneifert. Und nun erzählte ich meinem Kameraden:

Einmal wirst du wieder im Operationssaal stehen und wirst eine langwierige Magenoperation durchführen; und auf einmal wird der Operationssaaldiener hereinstürmen und mit dem Rufe: »Bewegung, Bewegung!« ankündigen, daß der Primarius, daß »der Chef kommt!« Oft erfanden auch die Kameraden selber derartige drollige Zukunftsträume, indem sie etwa prophezeiten, in Gesellschaft, zum Nachtmahl eingeladen, würden sie sich beim Einschenken der Suppe leicht vergessen können und die Herrin des Hauses – so wie zu Mittag den Capo am Arbeitsplatz – darum anbetteln, daß man ihnen die Suppe »von unten« schöpfe, so daß ein paar Erbsen oder gar eine halbe Kartoffel im Teller schwimmt.

Stellt der Wille zum Humor, der Versuch, die Dinge irgendwie in witziger Perspektive zu sehen, gleichsam einen Trick dar, dann handelt es sich jeweils um einen Trick so recht im Sinne einer Art Lebenskunst. Die Möglichkeit einer Einstellung im Sinne von Lebenskunst, auch mitten im Lagerleben, ist jedoch dadurch gegeben, daß dieses Lagerleben reich an Kontrasten ist, und die Kontrastwirkungen wiederum haben eine gewisse Relativität allen Leidens zur Voraussetzung. Gleichnishaft könnte man sagen, das Leid des Menschen sei so wie Dinge von gasförmigem Aggregatzustand: so wie eine bestimmte Gasmenge einen Hohlraum, in den sie gepumpt wird, wie groß immer er auch sein mag, auf jeden Fall gleichmäßig und vollständig ausfüllt, genau so füllt das Leid die Seele des Menschen, das menschliche Bewußtsein, auf jeden Fall aus, ob dieses Leid nun groß oder gering ist. Es ergibt sich, daß die »Größe« menschlichen Leids eben etwas durchaus Relatives ist, und hieraus ergibt sich weiter, daß auch ein an sich Geringfügiges die größte Freude bereiten kann. Wie war es doch beispielsweise, als wir von Auschwitz in eines der Dachauer Filiallager nach Bayern fuhren? Man hatte allgemein angenommen bzw. gefürchtet, der Transport ginge nach Mauthausen. Immer gespannter wurden wir, als sich der Zug jener Donaubrücke näherte, über die er, laut Angabe mitfahrender Kameraden mit jahrelanger Lagererfahrung, nach Mauthausen rollen mußte, sobald er von der Hauptstrecke abgezweigt wäre. Unvorstellbar für den, der so etwas oder etwas Analoges noch nicht selber erlebt hat, war der buchstäbliche Freudentanz, den die Häftlinge im Gefangenenwaggon aufführten, als sie merkten, der Transport gehe – »nur« nach Dachau.

Und wie war es, als wir im Dachauer Filiallager ankamen? Nach einer Fahrt von zwei Tagen und drei Nächten! Und zum Hocken auf dem Boden des kleinen Gefangenenwaggons war, wie schon einmal erwähnt, nicht für alle Platz; der Großteil mußte die lange Reise vielmehr stehend verbringen, und nur wenige konnten, im Turnus abwechselnd, auf dem spärlichen Stroh kauern, das von menschlichem Harn naß war. So waren wir gewiß übermüdet, als wir ankamen. Die erste wichtige Information seitens älterer Lagerinsassen ging jedoch dahin, daß es in diesem verhältnismäßig kleinen Lager (die höchste erreichte Belagzahl war 2500 Mann) keinen »Ofen« gab, das heißt: dort gab es kein Krematorium, also auch keine Gaskammern. Und dies bedeutete, daß einer, der zum »Muselman« geworden war, nicht schnurstracks ins Gas gebracht werden konnte, sondern erst, wenn ein sogenannter Krankentransport nach Auschwitz zusammengestellt wurde. Jene Lebensgefahr wenigstens, die aus dieser Richtung drohte, war somit eine weniger unmittelbare. Unsere freudige Überraschung darüber, daß es uns also vergönnt war zu erreichen, was unser Blockältester in Auschwitz uns gewünscht hatte – er empfahl uns, nur ja schleunigst in ein Lager zu kommen, in dem es nicht (wie in Auschwitz) einen »Kamin« gab –, diese freudige Überraschung machte uns froh gelaunt. Ja, diese frohe Laune ließ uns lachen und Späße machen trotz allem, was wir in den nächsten Stunden noch mitmachen mußten: Beim wiederholten Abzählen der mit unserem Transport neu angekommenen Häftlinge fehlte einer. Wir mußten nun so lange im Regen und kalten Wind auf dem Appellplatz stehen, bis dieser Mann gefunden war. Er wurde schließlich in einer Baracke aufgestöbert, in der er vor Erschöpfung in tiefen Schlaf gesunken war. Daraufhin wurde aus dem langwierigen Zählappell – ein Strafappell: die ganze Nacht, bis in den nächsten Vormittag, mußten wir – nach den Strapazen der geschilderten langen und beschwerlichen Fahrt! – durchnäßt und durchfroren auf dem Appellplatz stehen bleiben. Und trotzdem – wir alle waren nichts als freudigst erregt! Es gab im Lager eben keinen »Kamin«, und Auschwitz war weit ...

### *Zuchthäusler werden beneidet*

Oder wie war es, wenn wir an der Arbeitsstätte eine Gruppe von Zuchthäuslern vorübergehen sahen? Wie offenbarte sich da die Relativität jeder leidvollen Situation! Wie beneideten wir doch diese Zuchthäusler um ihr relativ geregeltes, relativ gesichertes, relativ hygienisches Leben! Die hatten sicher ihre regelmäßige Badegelegenheit, so dachten wir voll Wehmut; die hatten sicher ihre Zahnbürsten, ihre Kleiderbürsten, ihre Pritschen – jeder eine für sich – und ihren monatlichen Postempfang, ihr Wissen darum, wo ihre Angehörigen sind, ja, daß sie überhaupt am Leben sind. Wir aber hatten dies alles schon längst nicht mehr.

Oder wie beneideten wir selbst jene unter uns, denen sich die große Chance bot, in irgend eine Fabrik zu kommen, wo sie in geschlossenen Räumen arbeiten konnten! Wie erhoffte doch jeder von uns für sich selber eine solche lebensrettende Chance!

Aber die Stufenleiter des relativen Glücks geht weiter. Auch unter uns, die wir zur Arbeit auf Außenkommandos gehen mußten, konnte der eine, in ein schlechteres Kommando eingeteilt, den andern beneiden, weil der eben nicht das Unglück hatte, im tiefen Lehmboden watend, auf einem steilen Abhang, 12 Stunden im Tag die Kipper einer Feldbahn entleeren zu müssen. Auf diesem Kommando gab es die meisten, gab es tägliche und oft tödliche Unfälle. Auf andern ungünstigen Kommandos war es wieder die anscheinend lokale Prügeltradition scharfer Aufseher, die einen von relativem Glück sagen ließ, schon dann, wenn man bloß nicht für dauernd dort eingeteilt war. Einmal geriet ich durch einen unseligen Zufall in eine solche Arbeitsgruppe; ich glaube, wenn nicht ein Fliegeralarm nach zwei Stunden, die der Aufseher mich speziell »in Arbeit« hatte, gezwungen hätte, die Arbeit vorzeitig einzustellen, und nachher nicht eine Umgruppierung der Arbeitskräfte notwendig gewesen wäre – ich wäre wohl sicher damals auf jenem Schlitten ins Lager zurückgebracht worden, auf dem die den Erschöpfungstod sterbenden oder schon toten Kameraden gefahren wurden. Jedenfalls: welche Erlösung es bedeutete, in einer derartigen Situation die Alarmsirene zu hören, kann sich nicht einmal ein Boxer ausmalen, der es erlebt hat, wie ein Gongschlag das Ende einer Runde anzeigt und im letzten Moment noch die Gefahr eines Knockout abwendet.

## *Glück ist, was einem erspart bleibt*

Schon war man dem Geschick dankbar für die kleinsten Schrecken, die es einem ersparte. Man war schon froh, wenn man etwa abends, vor dem Hinlegen, sich entlausen konnte – an sich gewiß kein Vergnügen, da man sich hierzu in der meist ungeheizten Baracke, von deren Dach (innen!) oft die Eiszapfen herabhingen, nackt ausziehen mußte; aber man war froh, wenn es in diesem Fall z.B. keinen Fliegeralarm gab, so daß einen nicht die plötzlich einsetzende Verdunkelung überraschte und daran hinderte, das Entlausungswerk zu vollenden, dessen bloß fragmentarischer Vollzug einen nämlich die halbe Nachtruhe kostete.

Natürlich stellen alle diese armseligen »Freuden« des Lagerlebens so recht ein Glück im negativen Sinne Schopenhauers dar, nämlich ein Freisein vom Leid, und auch dies, wie wir oben gezeigt haben, nur in höchst relativem Sinne. Positive Freuden, auch geringfügige, gab es für uns nur selten. Ich entsinne mich genau, einmal eine Art Lustbilanz aufgestellt zu haben, als deren Ergebnis sich herausstellte, daß ich durch viele, viele Wochen nur zweimal einen wirklich freudigen Augenblick erlebt hatte. Und dies war dann der Fall gewesen, wenn ich, vom Arbeitsplatz ins Lager zurückgekehrt, nach langem Anstellen vor der Küchenbaracke eingelassen und in jene Kolonne eingeteilt wurde, die zum Häftlingskoch F. dirigiert wurde. Der stand bei einem der großen Kessel und schöpfte daraus die Suppe in die Schüsseln, die ihm von den eilig vorbeidefilierenden Arbeitskameraden hingehalten wurden: aber er, als einziger unter den Köchen, blickte sich dabei nicht nach dem Mann um, der ihm soeben seine Schüssel reichte; er war der einzige Koch, der die Suppe buchstäblich »ohne Ansehen der Person« und gleichmäßig verteilte und nicht seine persönlichen Freunde oder seine Landsleute bevorzugte, indem er ihnen aus der Tiefe des Kessels die Kartoffeln herausfischte, um den andern das leere Suppenwasser »von oben« abzuschöpfen ... – Aber es liegt mir nicht, den Stab zu brechen über solche Häftlinge, denen ihre Clique über alles ging; wer will den ersten Stein werfen auf Menschen, die ihre Freunde bevorzugen in einer Situation, in der es über kurz oder lang auf Leben und Tod geht. Keiner dürfte hier den Stein aufheben, bevor er sich nicht in unbedingter Ehrlichkeit selber befragt hat, ob er selber in der gleichen Lage sicher anders gehandelt hätte.

Lange, nachdem ich wieder ein geordnetes Leben beginnen konnte, also lange nach der Befreiung aus dem Lager, zeigt mir jemand eine Photoreproduktion in einer illustrierten Zeitung, darstellend Häftlinge im Konzentrationslager, die auf ihren Stockbetten zusammengepfercht herumliegen und aus ihren Bettkojen stumpf dem Betrachter entgegenblicken. »Ist das nicht schrecklich, diese entsetzlichen Gesichter, das alles ...?« »Wieso?« frage ich – und begreife wirklich nicht. Denn in mir ersteht in diesem Augenblick ein Bild. Fünf Uhr morgens. Draußen ist noch finstere Nacht. Ich liege auf den harten Brettern einer Erdhütte, in der etwa siebzig Kameraden »in Schonung« sind, das heißt, wir sind krankgeschrieben und müssen nicht das Lager verlassen, um zur Arbeit hinauszumarschieren. Wir müssen nicht einmal Appell stehen. Den ganzen Tag dürfen wir auf unserem schmalen Platz in der Baracke herumlungern, dahindösen –

und auf die einmal tägliche Ausgabe der für die »Schonungskranken« natürlich reduzierten Brotration und die einmal tägliche Austeilung der für diese Kategorie extra verwässerten und extra kleinen Suppenration warten. Aber wie zufrieden sind wir; ja, wie glücklich, trotz allem! Während wir unsere Körper aneinanderpressen, um jeden unnötigen Wärmeverlust zu vermeiden, während wir zu apathisch und zu träge sind, um buchstäblich nur ein Glied zu rühren, sofern es nicht unbedingt nötig ist, hören wir von draußen, vom Appellplatz, schrille Pfiffe und Kommandorufe hereintönen, von draußen, wo gerade die ins Lager zurückgekehrte Nachtschicht aufmarschiert ist. Da wird die Tür aufgerissen, der Schneesturm braust ins Innere der Baracke, und eine verschneite Gestalt, ein erschöpfter Kamerad schwankt herein, um sich für wenige Minuten auf einem der Bretter niederzulassen. Aber der Blockälteste wirft ihn hinaus, weil es während der Zählappelle strengstens verboten ist, einen Nichtzugehörigen in die Schonungsbaracke einzulassen! Wie leid tut mir da dieser Kamerad! Wie froh bin ich in diesem Moment, nicht in seiner Haut zu stecken, sondern »in Schonung« zu sein und in der Schonungsbaracke weiter dahindösen zu können. Welche Lebensrettung bedeutete es doch, in der Ambulanz des Krankenreviers zwei Tage Schonung zu bekommen und dann noch weitere zwei Tage angestückelt zu erhalten.

Aber ich hatte damals noch viel mehr Glück. Als ich nach dem vierten Tag in die Nachtschicht eingeteilt werden sollte – sie hätte meinen sicheren Tod bedeutet –, stürzte plötzlich der Oberarzt in die Baracke und forderte mich auf, mich freiwillig zum ärztlichen Dienst in ein anderes, in ein Fleckfieberlager zu melden. Entgegen den dringenden Ratschlägen meiner Freunde und im Gegensatz zum berechnenden Verhalten fast aller andern unbeschäftigten Kollegen entschloß ich mich sofort zur Meldung. Ich wußte, daß ich auf einem Arbeitskommando in kürzester Zeit zugrunde gehen mußte; galt es schon zu sterben, dann sollte mein Sterben Sinn haben. Als Arzt meinen kranken Kameraden halbwegs helfen zu können, schien mir zweifellos sinnvoller zu sein als dieses Vegetieren und schließliche Krepieren als höchst unproduktiver Erdarbeiter, der ich damals war. Das war für mich eine einfache Rechnung und bei weitem kein heroisches Opfer. Der Sanitätsunteroffizier aber hatte nun insgeheim angeordnet, daß die beiden Ärzte, die sich freiwillig ins Fleckfieberlager gemeldet hatten, bis zu ihrem Abtransport in Schonung bleiben dürften. Sahen wir doch so »krepiert« aus, daß er andernfalls bis dahin nicht ein paar Ärzte mehr zur Verfügung, sondern ein paar Leichen mehr im Lager gehabt hätte. Das alles zauberte die Erinnerung vor mein geistiges Auge, als man mir jenes Bild aus einem Konzentrationslager vorhielt. Und das alles begann ich zu erzählen, bis man mich verstand, auch als ich meinte, ich fände das, was auf diesem Bild dargestellt war, noch lange nicht schrecklich, ja ich könnte mir sehr wohl vorstellen, daß diese Leute da sich gar nicht so unglücklich fühlten.

Wir sprachen eingangs von der großen Entwertung, der – mit den wenigen angeführten Ausnahmen – alles zum Opfer fällt, was nicht unmittelbar mit der Lebenserhaltung des Menschen selbst und der ihm innerlich am nächsten Stehenden zusammenhängt. Diese Entwertung macht jedoch vor dem Menschen selbst, vor der eigenen Person nicht halt. Auch sie wird einbezogen in einen geistigen Wirbel, mit dem alle Werte in einen Abgrund der Fragwürdigkeit zu stürzen scheinen. Unter der Suggestion einer Umwelt, die vom Wert menschlichen Lebens und der Würde menschlicher Personen schon längst nichts mehr weiß, die vielmehr den Menschen ausschließlich zum willenlosen Objekt einer Ausrottungspolitik gemacht hat, vor deren Endziel sie nur noch eine Ausnützungspolitik der letzten Reste physischer Arbeitsfähigkeit gesetzt hat –, unter dieser allgemeinen Suggestion muß schließlich auch das eigene Ich eine Entwertung erfahren. Der Mensch im Konzentrationslager, sofern er sich nicht in einem letzten Aufschwung des Selbstwertgefühls dagegen stemmt, verliert das Gefühl, überhaupt noch Subjekt zu sein, geschweige denn ein geistiges Wesen mit innerer Freiheit und persönlichem Wert. Er erlebt sich selbst nur mehr als kleinsten Teil einer großen Masse, sein Dasein fällt herab auf das Niveau eines Herdendaseins. Ohne recht zu denken oder zu wollen, werden da Menschen bald dahin bald dorthin getrieben, zusammen- oder auseinandergetrieben, wie eine Herde von Schafen. Rechts und links von dir, vor und hinter dir lauert eine kleine, aber bewaffnete, raffinierte und sadistische Meute, die dich mit Brüllen, Tritten mit dem Stiefelabsatz oder Hieben mit dem Gewehrkolben stets antreibt, vorwärtstreibt oder zurücktreibt. Wie die Schafe der Herde kamen wir uns da vor, die nur eines kennen, denken und wollen: den Attacken der Hunde ausweichen und, wenn einmal in Ruhe gelassen, ein wenig fressen dürfen. Und so wie die Schafe furchtsam in die Mitte des Herdenhaufens drängen, genau so trachtete ein jeder von uns, in die Mitte der Fünferreihen und womöglich auch in die Mitte der ganzen Kolonne zu stehen zu kommen, um so am ehesten den Schlägen der seitlich von der Kolonne, an deren Spitze und hinter deren Ende marschierenden Posten zu entgehen. Überdies aber hatte diese mittlere Aufstellung noch den nicht zu gering zu erachtenden Vorteil des Windschutzes.

So ist es nicht nur Suggestion, sondern auch ein Selbstrettungsversuch in mehrfacher Beziehung, wenn der Mensch im Konzentrationslager buchstäblich versucht, in der Masse »aufzugehen«: »Aufgehen« zu fünft, in Fünferreihen, dies macht der Häftling alsbald bereits mechanisch; bewußt jedoch strebt er danach, »in der Masse« unterzutauchen, um einem der obersten Gebote des Selbstschutzes im Lager zu entsprechen: ja nur nicht aufzufallen, ja nur nicht durch irgendeine, und sei es die geringfügigste Auffälligkeit die Aufmerksamkeit der SS auf sich zu lenken!

### *Sehnsucht nach Einsamkeit*

Natürlich gibt es Zeiten, in denen es nötig und in denen es auch möglich ist, sich aus der Masse herauszuhalten. Bekannt ist es, wie das ununterbrochene Zusammensein mit einer Menge von Leidensgenossen, das Zusammensein mit ihnen zu jeder Zeit und bei allen banalen Verrichtungen des Alltags, oft einen unwiderstehlichen Drang danach erzeugt, aus dieser ständigen Zwangsgemeinschaft wenigstens auf kurze Zeit zu echappieren. Es ist eine tiefe Sehnsucht nach dem Alleinsein mit sich selbst und mit den eigenen Gedanken, die Sehnsucht nach einem Stück Einsamkeit, die einen da packt.

Als ich bereits in ein anderes bayrisches Lager gebracht worden war, in ein sogenanntes Schonungslager, in dem ich dann, während einer großen Fleckfieberepidemie, endlich als Arzt arbeiten durfte, da hatte ich zeitweise dieses Glück, wenigstens für Minuten, mich in die so ersehnte Einsamkeit zurückziehen zu können. Hinter der Fleckfieberbaracke, einer Erdhütte, in der ungefähr fünfzig hochfiebernde und delirante Kameraden zusammengepfercht lagen, gab es einen kleinen, stillen Platz im Winkel der doppelten Stacheldrahtumzäunung des Lagers. Dort hatte man mit ein paar Pflökken und Baumästen eine Art Zelt improvisiert, in das man das halbe Dutzend Leichen warf, die täglich – in unserem kleinen Lager – »anfielen«. Dort gab es auch einen Schacht mit unterirdischer Wasserleitung, bedeckt mit einer hölzernen Platte. Auf ihr ließ ich mich nieder, wann immer ich, für eine Weile, in der Baracke als Arzt entbehrlich war. Dort hockte ich und blickte – durch die obligate Vignette des Stacheldrahts – hinaus auf die weiten grünenden und blumigen Fluren und fernen blauenden Hügel der bayrischen Landschaft. Dort saß ich und träumte die Träume meiner Sehnsucht und schickte meine Gedanken fernhin nach Norden und Nordosten, wo ich geliebte Menschen vermutete – aber jetzt nur Wolken mit unheimlich bizarren Formen wahrnahm. Die verlausten Kadaver, die dort neben meinem Platz lagen, konnten mich nicht stören. Aus meinen Träumen rissen mich nur die Schritte des Wachtpostens, der von Zeit zu Zeit den Stacheldraht entlang patrouillierte, oder vielleicht ein Ruf aus der Baracke, der mich ins Krankenrevier beorderte, um frisch ins Lager gelangte Medikamente für meine Quarantänestation zu fassen – fünf, oder vielleicht einmal auch zehn Tabletten Aspirinersatz oder Cardiazol – für mehrere Tage und für fünfzig Patienten. Dann ging ich sie holen und machte sodann »Visite«: von Kameraden zu Kameraden, ihnen den Puls fühlend, den schwersten Fällen eine halbe Tablette eines Medikaments reichend, den allerschwersten – gar kein Medikament, da es für sie vergeblich gewesen und den andern Fällen, die vielleicht noch zu retten waren, entzogen worden wäre; den leichteren Fällen aber konnte ich nichts geben, außer vielleicht einem guten Wort. So schleppte ich mich von einem Kameraden zum andern, selber bis zum äußersten geschwächt und körperlich heruntergekommen, da selber erst unmittelbar nach einem schweren Fleckfieber. Und dann zog ich mich wieder für eine Weile in meine Einsamkeit zurück und ließ mich wieder auf jenem Holzdeckel des unterirdischen Hydranten nieder – der übrigens drei Kameraden einmal das Leben rettete: Kurz vor der Befreiung wurden Massentransporte (angeblich nach Dachau) abgefertigt, denen sich drei Kameraden wohlweislich zu entziehen trachteten. Sie krochen nun in diesen Hydrantenschacht hinab und verbargen sich dort vor der Lagerwache, die das ganze Terrain absuchte. Ich selber aber saß in diesen erregten Minuten äußerlich ruhig auf dem Deckel des Schachtes und ignorierte fleißig die mißtrauisch umherspähenden Posten, die zwar anscheinend im ersten Moment Verdacht schöpften und den Deckel aufheben wollten, sich aber dann doch besannen und an mir vorübergingen, der ich mit treuherzigem Blick und harmloser Miene dasaß und mit erfolgreich gespielter Unbefangenheit mit Kieselsteinen auf das Stacheldrahtgitter zielte. Nur eine Sekunde stutzte ein Posten, der mich so sah; gleich aber wandte er sich von diesem seinen Argwohn entwaffnenden Anblick ab – und hastete weiter. Den drei Kameraden in der Tiefe jedoch konnte ich alsbald melden, die Hauptgefahr sei nun schon vorbei.

Von der radikalen Wertlosigkeit des einzelnen Menschenlebens, zu der es im Lagerleben herabsinkt, kann sich wohl überhaupt nur derjenige einen Begriff machen, der die dortigen Zustände selber miterlebt hat. Dem dadurch gleichzeitig Abgestumpften konnte aber diese Mißachtung der Existenz menschlicher Individuen am ehesten noch dann zu Bewußtsein kommen, wenn etwa im Lager ein Krankentransport abgefertigt wurde. Auf zweirädrigen Karren, die von den Häftlingen viele Kilometer weit durch den Schneesturm gezogen werden mußten, bis man ins andere Lager kam, auf diesen Karren wurden die ausgezehrten Leiber der zum Transport Bestimmten einfach nur so hinaufgeschmissen. Gab es einen Toten, so mußte er mit dazu: die Liste mußte stimmen! Die Liste ist das Wichtigste, der Mensch nur so weit wichtig, als er eine Häftlingsnummer hat, buchstäblich nur mehr eine Nummer darstellt. Tot oder lebendig – das gilt hier nicht mehr; das »Leben« der »Nummer« ist irrelevant. Was hinter dieser Nummer, was hinter diesem Leben steht, ist noch weniger erheblich: das Schicksal – die Geschichte – der Name eines Menschen. In dem Krankentransport z.B., mit dem ich als Arzt von einem bayrischen Lager ins andere abging, gab es einen jungen Kameraden, der seinen Bruder hätte zurücklassen müssen, weil der nicht auf die Liste gekommen war. Er bettelte nun so lange beim Lagerältesten, bis sich dieser entschloß, einen auf der Liste Befindlichen, der im letzten Moment gerne noch ausgesprungen wäre, gegen den anhänglichen Bruder auszutauschen. Die Liste aber mußte stimmen! Nichts leichter als das: der anhängliche Bruder übernahm einfach Häftlingsnummer, Vor- und Zunamen des an seiner Stelle zurückbleibenden Kameraden, und umgekehrt. Denn, wie schon erwähnt, Dokumente besaßen wir alle im Lager schon längst nicht mehr, und jeder war glücklich, wenn er nichts weiter sein eigen nennen konnte, als diesen seinen trotz allem noch atmenden Organismus. Was drum und dran war, wörtlich genommen, was über der fahlen Haut dieser halbskelettierten Menschen an Lumpen und Fetzenwerk hing, das war schon nur mehr Gegenstand des Interesses der Zurückbleibenden: mit unverhüllter Neugier, ob ihre Schuhe oder Mäntel nicht doch noch etwas besser seien als die eigenen, wurden die abgehenden »Muselmänner« fachkundig gemustert. Ihr Schicksal war ja besiegelt; denen aber, die im Lager zurückbleiben durften, den noch halbwegs Arbeitsfähigen, mußte alles recht sein, was dazu taugte, ihre Chance des Überlebens zu vergrößern. Sentimental waren sie nicht ...

Der Verlust des Gefühls, überhaupt noch menschliches Subjekt zu sein, wird dadurch unterstützt, daß der Mensch im Konzentrationslager sich nicht nur vollends als Objekt etwa der Willkür der Wache erlebt, sondern auch so recht als Objekt des Schicksals, als dessen Spielball. Ich hatte immer gemeint und gesagt, der Mensch wisse gewöhnlich erst fünf oder zehn Jahre später, wozu irgend etwas in seinem Leben gut war. Das Konzentrationslager belehrte mich eines besseren: wie oft erfuhren wir es nicht schon fünf oder zehn Minuten später, wozu etwas gut war! Schon in Auschwitz legte ich mir ein Prinzip zurecht, dessen »Richtigkeit« sich bald erweisen sollte und das späterhin auch von den meisten meiner Kameraden beherzigt wurde: Was man mich fragte, beantwortete ich im allgemeinen wahrheitsgemäß; worüber ich aber nicht befragt wurde, darüber schwieg ich. Fragte man mich, wie alt ich sei, dann sagte ich es; fragte man mich nach meinem Beruf, dann sagte ich »Arzt« – verschwieg aber,

Facharzt zu sein, wenn man sich nicht ausdrücklich nach meinem Fach erkundigte. Am ersten Vormittag in Auschwitz kam ein SS-Offizier zum Appell. Die Kameraden unter vierzig mußten hier antreten, die über vierzig dort; Metallarbeiter, Automechaniker usw. wurden wiederum extra aufgestellt. Dann wurden wir bei herabgelassenen Hosen auf Brüche untersucht und einzelne Kameraden wieder ausgesondert. Eine Gruppe wurde dann zu einer andern Baracke getrieben, um dort neuerdings zu einem Appell anzutreten. Ich kam mit. Abermals wurden wir sortiert und z.B. ich, nachdem ich die Fragen »Alter? – Beruf?« kurz und zackig beantwortet hatte, bei einer kleinen Gruppe abseits aufgestellt. Wieder wurde diese meine Gruppe zu einer weiteren Baracke getrieben, wo wir alsbald aufs neue umgruppiert wurden. So ging es ein paarmal fort, bis ich schließlich schon ganz unglücklich war, nachdem ich mich unter fremden, durchwegs ausländischen und mir unbekannte Sprachen redenden Leuten befand. Da wurde eine letzte Auswahl getroffen und ich mit den zuletzt Aussortierten in eine letzte Baracke gejagt. Da merkte ich plötzlich: ich war unter meinen alten Kameraden, unter meinen Landsleuten und Kollegen, ich war in der Baracke, von der ich ausgegangen! Und man hatte kaum bemerkt, daß ich inzwischen herumgehetzt worden war. Ich aber ahnte, wie viele mögliche Schicksale ich in wenigen Minuten gestreift hatte ...

Als der schon erwähnte Krankentransport in ein »Schonungslager« zusammengestellt wurde, setzte man meinen Namen bzw. meine Nummer mit auf die Liste: man brauchte einige Ärzte. Niemand aber war überzeugt, der Transport ginge wirklich in ein Schonungslager. War man doch schon gewitzigt. Der gleiche Transport war schon ein paar Wochen vorher angeordnet worden. Und schon damals nahm man allgemein an, er gehe nicht in ein Schonungslager, sondern »es geht ins Gas«. Plötzlich kam dann das Aviso: wer will, kann sich von der Liste der Schonungskranken streichen lassen, falls er sich freiwillig zur (so gefürchteten) Nachtschicht meldet. Zweiundachtzig Kameraden taten dies auch sofort. Eine Viertelstunde später hieß es nun: Transport abgeblasen. Die zweiundachtzig aber pickten auf der Liste für die Nachtschicht! Für die Majorität von ihnen war sie in den nächsten vierzehn Tagen der Tod.

### *Letzter Wille, auswendig gelernt*

Nun wurde also zum zweitenmal der Transport ins Schonungslager zusammengestellt. Jetzt wußte natürlich schon niemand mehr, war es eine Finte und ein Trick, um aus den Kranken den letzten Rest von Arbeitskraft, wenn auch nur für vierzehn Tage, herauszupressen; oder ging es ins Gas, oder aber ging es vielleicht wirklich ins Schonungslager? – Der Oberarzt mochte mich gut leiden. Um Viertel vor zehn Uhr abends sagte er mir heimlich: »Ich hab in der Schreibstube gesagt, du darfst dich noch abmelden, bis zehn Uhr kannst du das machen!« Ich gebe ihm zu verstehen, das liege mir nicht, ich hätte vielmehr gelernt, den geraden Weg zu gehen oder – wenn man es so ausdrücken will – dem Schicksal seinen Lauf zu lassen. »Ich bleib nun schon bei meinen kranken Kameraden«, sage ich ihm. Mich streift ein mitleidiger Blick aus seinen Augen, als ob er ahnte ... Stumm reicht er mir die Hand, als ob es ein Abschied nicht fürs Leben wäre, sondern: von meinem Leben ... Ich gehe. Mit langsamen Schritten gehe ich in meine Baracke zurück. Auf meinem Platz sitzt traurig ein guter Freund. »Du willst wirklich mit?« fragt er mich. »Ja – ich gehe …« Tränen kommen in seine Augen. Ich versuche, ihn zu trösten. Dann aber muß ich etwas anderes tun: ich mache mein mündliches Testament … »Paß auf, Otto: wenn ich nicht zurückkomme, nach Hause, zu meiner Frau; und wenn du sie wiedersiehst … dann sagst du ihr – paß auf: Erstens – wir haben täglich und stündlich von ihr gesprochen – erinnerst du dich? Zweitens: ich habe nie jemanden mehr geliebt als sie. Drittens: die kurze Zeit mit ihr verheiratet gewesen zu sein, dieses Glück hat alles aufgewogen, auch was wir jetzt hier erleben mußten …« Otto – wo bist du jetzt? Lebst du noch? Was ist aus dir geworden, seit jener letzten gemeinsamen Stunde? Hast du deine Frau wiedergefunden? Und erinnerst du dich noch daran – wie ich dich damals, trotz deines kindlichen Weinens, gezwungen habe: Wort für Wort mein mündliches Testament – auswendig zu lernen?

Am nächsten Morgen ging ich mit dem Transport ab. Diesmal war es keine Finte und kein Trick. Dieser Transport ging auch nicht ins Gas, sondern wirklich in ein Schonungslager. Und diejenigen, die mich so bemitleidet hatten –, sie blieben im alten Lager, in dem dann der Hunger noch viel ärger wütete als in unserem neuen Lager. Sie hatten geglaubt, sich zu retten, aber sie stürzten sich ins Verderben: Monate später, schon nach der Befreiung, traf ich jenen Kameraden aus dem alten Lager wieder, der – als »Lagerpolizist« – selber jenes Stück Fleisch aus einem Kochtopf heraus konfiszierte, das in jenen Tagen in jenem Lager auf einem Leichenhaufen gefehlt hatte … Denn in jenem Lager, aus dessen späterer Hölle ich noch rechtzeitig entkommen war, war Kannibalismus ausgebrochen.

Wem fiele da nicht die Geschichte vom Tod in Teheran ein? Ein reicher und mächtiger Perser lustwandelte einmal in

Begleitung seines Dieners durch den Garten seines Hauses. Da jammert der Diener, er habe soeben den Tod gesehen und der habe ihm gedroht; flehentlich bittet der Diener seinen Herrn, ihm das schnellste Roß zu geben, damit er sich eilends auf den Weg machen und nach Teheran flüchten könne, wo er noch am Abend des gleichen Tages ankommen wolle. Der Herr gibt ihm das Roß, der Diener galoppiert davon. Auf dem Rückweg ins Haus aber begegnet der Herr selber dem Tod. Da stellt er ihn zur Rede: »Warum hast du meinen Diener so erschreckt, warum hast du ihm gedroht?« Da sagt der Tod: »Ich habe ihm doch nicht gedroht! Ich wollte ihn auch gar nicht erschrecken. Ich habe wohl nur erstaunt getan, weil ich überrascht war, ihn noch hier zu sehen, wo ich ihn doch heute abends in Teheran treffen soll!«

### *Fluchtplan*

Das beherrschende Gefühl, bloßer Spielball zu sein, und der Grundsatz, womöglich nicht selber Schicksal zu spielen, vielmehr dem Schicksal seinen Lauf zu lassen, all dies und noch dazu die tiefgehende Apathie, die sich des Menschen im Lager bemächtigt, machen es verständlich, wenn er jeder Initiative auszuweichen bestrebt ist und sich vor Entscheidungen fürchtet. Im Lagerleben gibt es Entscheidungen, die plötzlich, in Augenblicken getroffen werden müssen und oft Entscheidungen über Sein oder Nichtsein darstellen. Am liebsten ist es da dem Häftling, wenn das Schicksal ihm den Zwang zur Entscheidung eben abnimmt. Diese Flucht vor der Entscheidung läßt sich am deutlichsten beobachten, wenn der Häftling – vor die Entscheidung für oder gegen eine Flucht gestellt ist: in den Minuten – und nur um Minuten kann es sich jeweils handeln –, in denen er eine solche Entscheidung treffen muß, erlebt er innerlich höllische Qualen: soll er einen Fluchtversuch unternehmen oder soll er es nicht? Soll er das Risiko auf sich nehmen oder nicht? Ich selbst erlebte dieses Fegefeuer voll innerer Spannung auch: als unmittelbar vor dem Herannahen der Front eine Gelegenheit zur Flucht sich ergab. Ein Kamerad, der in Baracken außerhalb des Lagers ärztlichen Dienst versehen mußte, war für die Flucht. Er wollte unbedingt mit mir fliehen. Unter Vorspiegelung eines Konsiliums bei einem Nichthäftling, zu dem er mich als Facharzt dringend zu benötigen vorgab, schwindelten wir uns aus dem Lager hinaus. Draußen wollte uns ein geheimes Mitglied einer ausländischen Widerstandsbewegung mit Uniformen und falschen Papieren versehen. Im letzten Moment ergaben sich jedoch technische Schwierigkeiten und wir mußten nochmals ins Lager zurück. Diese Gelegenheit benützten wir, um uns noch mit ein paar verfaulten Kartoffeln als Wegzehrung auszustatten und vor allem je einen Rucksack zu verschaffen. Zu diesem Zweck drangen wir in eine leerstehende Baracke des Frauenlagers ein, die von ihren früheren Insassen – das Frauenlager war vor kurzem geräumt und die Frauen auf einen Transport in ein anderes Lager geschickt worden – verlassen worden war. Eine unvorstellbare Unordnung herrschte in dieser Baracke. Alles lag durcheinander und man konnte deutlich sehen, daß viele Frauen geflüchtet waren; da lagen Fetzen und Stroh, verdorbene Speisereste und zerbrochenes Geschirr. Aber auch die scheinbar noch brauchbaren Menageschüsseln – sonst im Lager ein Gegenstand von hohem Wert – wollten wir doch nicht nehmen. Wußten wir doch nur allzu gut, daß diese Suppenschüsseln in letzter Zeit, nachdem schon die desolatesten Zustände im Lager zu herrschen begonnen hatten, nicht nur zur Suppenfassung benützt zu werden pflegten, sondern auch als Waschschüssel und gleichzeitig als Nachtgeschirr. (Es bestand ein ganz streng gehandhabtes Verbot, irgendein Gefäß für die Verrichtung der Notdurft in der Baracke bereitzustellen; dieses Verbot zu umgehen, waren aber all jene einfach gezwungen, die beispielsweise während der Flecktyphusepidemie mit hohem Fieber dalagen und nicht einmal mit fremder Hilfe nachts auf die Latrine geführt werden konnten, da sie hierzu körperlich zu sehr geschwächt waren.) Während ich nun die Mauer mache, schleicht sich mein Kollege in die verlassene Frauenbaracke hinein. Nach einer Weile kommt er freudestrahlend heraus und deutet stolz auf einen Rucksack, den er unter dem Rock verbirgt. Aber er hat noch einen zweiten drin liegen gesehen, und ich soll mir den jetzt herausholen. Jetzt macht er die Mauer, und ich gehe in die Baracke. Während ich die wüsten Haufen durcheinandergeworfenen Zeugs durchsuche und hierbei noch vor dem zweiten Rucksack zu meiner großen Freude und Überraschung ein altes Zahnbürstel finde, bemerke ich plötzlich, mitten unter den sichtlich in Hast und Eile zurückgelassenen Dingen, eine Frauenleiche ...

Nun laufe ich in meine Baracke zurück, um meine ganze Habe zu mir zu stecken: meine Suppenschüssel, ein paar zerfetzte Fäustlinge, die ich von einem verstorbenen Patienten dieser Fleckfieberbaracke »geerbt« habe, und ein paar Dutzend kleine Zettel, auf denen ich, wie schon erwähnt, mit stenographischen Stichworten mein in Auschwitz verlorengegangenes wissenschaftliches Buchmanuskript zu rekonstruieren begonnen habe. Eilig mache ich noch einmal Visite und gehe die rechte und dann die linke Reihe der Patienten, die beiderseitig vom Mittelgang unserer Erdhütte auf faulenden Brettern zusammengedrängt liegen, zum letzten

Mal durch. Dabei komme ich zu dem einzigen Landsmann, der schon in fast sterbendem Zustand ist und den trotz allem durchzubringen ich die ganze Zeit den Ehrgeiz hatte. Ich muß natürlich den Fluchtplan auf alle Fälle streng geheimhalten. Trotzdem scheint mein Kamerad etwas zu wittern. (Vielleicht war ich ein wenig nervös.) Jedenfalls fragt er mich mit matter Stimme: »Du haust auch ab?« Ich verneine. Aber ich kann mich von seinem Blick nicht mehr so leicht lösen. Nach der Visite komme ich wieder zu ihm. Und wieder fällt dieser hoffnungslose Blick auf mich – und irgendwie empfinde ich ihn wie einen Vorwurf. Immer mehr vertieft sich in mir jenes ungute Gefühl, das mich sofort überkam, sobald ich mich mit der gemeinsamen Flucht mit meinem Kollegen einverstanden erklärt – und damit mein altes Prinzip durchbrochen hatte, nicht Schicksal zu spielen. Plötzlich laufe ich aus der Baracke hinaus, zu meinem Kollegen ins Krankenrevier hinüber, und melde ihm: ich kann nicht mit. Kaum habe ich ihm dezidiert erklärt, er muß auf mein Mitkommen verzichten, kaum habe ich mich dazu entschlossen, nach wie vor bei den Patienten zu bleiben, ist schlagartig jenes ungute Gefühl aus mir gewichen! Ich weiß nicht, was die nächsten Tage bringen werden; aber innerlich ruhig wie noch nie, mit festem Schritt, gehe ich in meine Fleckfieberbaracke zurück, setze mich auf die Bretter, meinem Kameraden zu Füßen, versuche ihn zu trösten, dann mit den andern Fiebernden zu plaudern und sie zu beruhigen.

Dann kam der letzte Tag unseres Lagers. Fast alle Insassen waren wegen der herannahenden Front in Massentransporten in andere Lager gebracht worden. Die Bonzen des Lagers, die Capos und die Köche, waren geflüchtet. An diesem Tag hieß es, bis zum Abend müsse das Lager vollständig evakuiert sein, auch von den letzten noch verbliebenen Häftlingen – durchwegs Kranken und wenigen Ärzten bzw. »Pflegern«. Nachts, hieß es weiter, werde das Lager angezündet werden. Am Nachmittag aber waren jene Lastautos, welche die Kranken hätten abholen sollen, noch immer nicht erschienen. Statt dessen wurde plötzlich das Lager strengstens gesperrt und die Stacheldrahtumzäunungen strengstens bewacht, so daß niemand mehr versuchen konnte, an einer schon halb und halb präparierten Stelle »durch den Draht zu gehen«. Jetzt wurde die Situation etwas unheimlich. Anscheinend hatte man die Absicht, das Lager mit den restlichen Häftlingen in Flammen aufgehen zu lassen. Zum zweiten Mal beschlossen wir jetzt, mein Kollege und ich, zu flüchten.

Wir haben den Auftrag, die drei Leichen, die es an diesem Tage gab, außerhalb des Stacheldrahts zu begraben. Außer uns beiden ist nämlich niemand mehr im Lager, der hierzu noch die Kräfte hätte, fast alle liegen hochfiebernd und delirierend in den wenigen noch belegten Baracken. Da ist unser Entschluß gefaßt: mit der ersten Leiche schmuggeln wir seinen Rucksack hinaus, in dem alten Waschtrog, der uns als Sarg- und Bahrenersatz dient, mit der zweiten Leiche meinen Rucksack, und mit der dritten Leiche hauen wir dann selber ab. Bis zur dritten Leiche können wir unser Programm auch in die Tat umsetzen. Bei der dritten Leiche aber muß ich warten – mein Kollege hat gesagt, er versuche noch rasch irgendwo ein Stück Brot zu erwischen, damit wir für die nächsten Tage im Wald etwas zu essen haben. Ich warte; es vergehen Minuten, ich werde immer ungeduldiger – er kommt noch immer nicht zurück. So schön habe ich mir schon ausgemalt, wie die Freiheit schmecken wird, nun, das erstemal nach drei Jahren, wenn wir jetzt der Front entgegenlaufen werden. Denn erst später haben wir erfahren, wie gefährlich dieses Entgegenlaufen ausgegangen wäre. So weit kam es aber nicht. Denn in dem Augenblick, da mein Kollege endlich herbeigestürmt kommt, im gleichen Augenblick – öffnet sich weit das Lagertor, und ein prächtiges aluminiumfarbenes Auto mit großen roten Kreuzen rollt langsam auf den Appellplatz: der Delegierte vom Internationalen Roten Kreuz in Genf ist erschienen und nimmt das Lager und dessen letzte Insassen unter seinen Schutz. Wer denkt da noch an Flucht? Kisten mit Medikamenten werden aus dem Wageninnern ausgeladen, Zigaretten werden verteilt, wir werden photographiert und überall herrscht Jubel. Jetzt brauchen wir nicht mehr das Risiko auf uns zu nehmen und in die kämpfenden Fronten hineinzurennen.

Der Delegierte mietet sich in einem Bauernhaus nahe dem Lager ein, um auch nachts für alle Fälle bereit zu sein. Im ersten Freudentaumel haben wir die dritte Leiche vergessen. Jetzt gehen wir und tragen sie hinaus, um auch sie in das kleine Schachtgrab kollern zu lassen, das wir beide ausgehoben haben. Der Wachtposten, der uns begleitet und beaufsichtigt, ist plötzlich ganz weich geworden. Er beginnt zu ahnen, daß sich das Blatt jetzt wenden mag, und er sucht mit uns Kontakt zu gewinnen. Jedenfalls – er beteiligt sich an dem kurzen Totengebet, das wir nun sagen, da wir darangehen, die ersten Schollen auf die drei Leichen hinabfallen zu lassen. Nach unserer inneren Anspannung und der Aufgeregtheit der letzten Tage und Stunden dieses Endspurts in unserem Wettlauf mit dem Tode müssen die Worte, mit denen wir da in unserem Gebet um Frieden flehten, so inbrünstig gewesen sein, wie sie nur je aus Menschenmund geklungen haben mögen ...

So vergeht dieser Tag, der letzte unseres Lagers, in vorausgeahnter und innerlich vorweggenommener Freiheit.

Aber noch haben wir die Rechnung ohne den Wirt gemacht. Denn trotz der Versicherung des Delegierten vom Roten Kreuz, auf Grund eines Abkommens dürfe das Lager nicht weiter evakuiert werden, ja trotz seiner Anwesenheit im Marktflecken nahe dem Lager fahren nachts Lastautos vor mit SS, die den Befehl überbringt, das Lager sofort zu räumen; die letzten verbliebenen Häftlinge sollen in ein Zentrallager abtransportiert werden, von wo sie innerhalb achtundvierzig Stunden in die Schweiz gebracht und gegen Kriegsgefangene ausgetauscht würden. Die Mannschaft der Lastautos ist als SS nicht wiederzuerkennen, so freundlich sind diese Leute, während sie uns zureden, ohne ängstliche Bedenken einzusteigen und uns auf die große Chance, die wir jetzt hätten, doch zu freuen. Schon drängen sich diejenigen, die noch kräftig genug sind, um zu drängen, auf die Lastautos; mühsam werden die Schwerkranken und ganz Geschwächten auf die Plattform hinauf verladen. Mein Kollege und ich, unsere Rucksäcke nun schon nicht mehr verbergend, wir stehen parat, sobald für den vorletzten Wagen dreizehn Personen abgezählt werden. Der Oberarzt teilt sie ein – zu fünfzehn stehen wir da; er aber zählt gerade an uns beiden vorbei. Die dreizehn werden aufs Auto gebracht, wir beide Zurückbleibende sind überrascht, enttäuscht, erbost, und während das vorletzte Auto abrollt, machen wir dem Oberarzt Vorwürfe. Er entschuldigt sich mit seiner Übermüdung und Zerstreutheit: er habe irrtümlich geglaubt, wir dächten noch immer an Flucht. Ungeduldig setzen wir uns wieder hin, die Rucksäcke am Rücken behaltend, und warten mit den letzten paar Häftlingen auf den letzten Wagen. Aber wir müssen lange warten. So legen wir uns auf die leergewordenen Pritschen der Revierbaracke, total abgespannt vom »Nervenkrieg« der letzten Stunden und Tage, von den einander ablösenden Hoffnungen und Enttäuschungen (vom himmelhoch Jauchzen und dann wieder zu Tode Betrübtsein). Wir sind »reisefertig«, wir bleiben in Kleidern und Schuhen und schlafen ein. Da weckt uns der Lärm von Gewehr- und Kanonenschüssen, der Lichtschein von Signalraketen, das Pfeifen von Kugeln, die auch die Barackenwand durchschlagen; der Oberarzt stürmt herein und kommandiert uns, auf dem Fußboden Deckung zu suchen, und vom Stockbett über mir springt ein Kamerad mit den Schuhen auf meinen Bauch: jetzt bin ich vollends wach. Bald überblicken wir die Situation: die Front ist da! Die Schießerei läßt nach, hört auf, der Morgen dämmert – und draußen, auf dem Mast neben dem Lagertor, weht eine weiße Fahne. Aber erst Wochen später haben wir, das kleine letzte Häuflein dieses Lagers, erfahren, daß auch noch in den letzten Stunden das »Schicksal« wieder einmal mit uns gespielt hat –, erfahren, wie fragwürdig alles menschliche Entscheiden ist, und zwar gerade dort, wo es um Leben oder Tod geht; wieder mußten wir an das Märchen vom Tod in Teheran denken, im Hinblick auf die Kameraden, die in jener Nacht auf Lastautos den Weg in die Freiheit zu fahren gewähnt hatten; denn Wochen später lagen Photos vor mir, aufgenommen in einem kleinen Lager unweit dem unsrigen, wohin meine Patienten gebracht worden waren und wo man sie in die Baracken gesperrt hatte, die man dann anzündete. Auf den Photos kann man die halbverkohlten Leichen sehen.

### *Gereiztheit*

Soviel zur Kennzeichnung der Apathie, der Abstumpfung des Gemüts, die sich des Häftlings während der Zeit seines eigentlichen Lageraufenthalts bemächtigt, sein seelisches Leben im allgemeinen auf ein primitiveres Niveau herabsinken läßt, ihn zum willenlosen Objekt des Schicksals oder aber der Willkür der Lagerwache macht und schließlich eben dazu führt, daß er davor eine Scheu empfindet, selber sein Schicksal in die Hand zu nehmen, also Entscheidungen zu treffen. Die Apathie hat nun auch andere Ursachen, ist also nicht nur im besprochenen Sinne eines Selbstschutzmechanismus der Seele zu verstehen. Sie hat auch körperliche Ursachen. Ebenso wie die Gereiztheit, die – neben der Apathie – eines der hervorstechendsten Merkmale der Häftlingspsyche darstellt. Unter der Reihe der körperlich verursachenden Momente stehen nun an erster Stelle: der Hunger und der Schlafmangel. Schon im normalen Leben machen beide, wie jeder weiß, den Menschen apathisch und gereizt. Im Lager ist der Schlafmangel zum Teil darauf zurückzuführen, daß – entsprechend der unvorstellbaren Belegungsdichte in den Baracken und dem denkbar größten Mangel an Hygiene – eine arge Ungezieferplage herrscht.

Zu der so entstehenden Apathie und Gereiztheit tritt aber noch ein weiteres ursächliches Moment hinzu: der Fortfall jener Zivilisationsgifte, welche normalerweise eben Apathie und Gereiztheit zu mildern die Aufgabe haben –, der Fortfall von Nikotin und Coffein! So wird die Apathie und Gereiztheit nur noch gesteigert. Zu diesen Ursachen vom Körperlichen her treten dann aber auch noch die seelischen Grundlagen dieser eigenartigen Gemütsverfassung des Lagerhäftlings hinzu, und zwar in Form gewisser »Komplexe«. Die Majorität der Häftlinge ist begreiflicherweise von einer Art Minderwertigkeitsgefühl geplagt. Jeder von uns war einmal »Jemand« oder glaubte zumindest, jemand gewesen zu sein. Jetzt aber, hier, wird er buchstäblich so behandelt, als ob er ein Niemand wäre. (Daß ein in wesentlicheren Bereichen, im Geistigen verankertes Selbstbewußtsein durch die Situation im Lager nicht zu erschüttern ist, ist klar; aber wie viele Menschen, und auch wie viele Häftlinge, haben schon ein derartiges gefestigtes Selbstbewußtsein?) Ohne viel darüber nachzudenken, ohne daß es ihm weiter zu Bewußtsein käme, fühlt sich der durchschnittliche Lagerhäftling naturgemäß vollständig deklassiert. Dieses Erlebnis wird aber eigentlich aktuell erst durch die Kontrastwirkung, die sich aus der eigenartigen soziologischen Struktur des Lagerlebens ergibt. Ich denke nämlich hierbei an jene Minorität von Häftlingen, die sozusagen als Prominente galten, an die Capos und Köche, Magazinverwalter und »Lagerpolizisten« – sie alle kompensierten das primitive Minderwertigkeitsgefühl; sie fühlten sich im allgemeinen keineswegs deklassiert wie die »Majorität« der gewöhnlichen Häftlinge, sondern nachgerade – arriviert. Ja, sie entwickelten mitunter geradezu einen Cäsarenwahn en miniature. Die seelische Reaktion der grollenden und neidvollen Majorität auf das Verhalten der Minorität machte sich auf verschiedene Weise Luft – gelegentlich auch in boshaften Witzen. Ein solcher Witz erzählt zum Beispiel: Zwei Häftlinge sprechen miteinander, wobei der eine in bezug auf einen dritten – der eben zu den »Arrivierten« gehört – bemerkt: »Den da hab ich noch gekannt, wie er bloß Präsident des größten Bankhauses von ... war; jetzt spielt er sich hier auf den Capo hinaus.«

Wo immer nun diese Majorität der Deklassierten und die Minorität der Arrivierten in einem Konflikt zusammenstoßen – und hierzu gibt es, angefangen von der Essenausgabe, im Lagerleben reichlich Gelegenheit –, kommt die Gereiztheit zum Ausbruch und zum Höhepunkt. Jene Gereiztheit, von deren diversen körperlichen Grundlagen wir vorhin sprachen, potenziert sich sonach durch das Hinzutreten der seelischen Ursachen, der komplexhaften Affektgeladenheit aller Beteiligten. Daß die so entstehende Übersteigerung mit einer gegenseitigen Prügelei der Häftlinge endet, ist dann nicht mehr verwunderlich. Jener Reflex, der vom Zornaffekt zur Entladung in Form des Zuschlagens führt, ist schon angesichts des ständigen Prügelns, dessen der Lagerinsasse immer wieder Zeuge ist, gleichsam gebahnt. Ich habe es selber oft erleben müssen, wie sehr einem »die Hand zuckt« und »auszurutschen« droht, wenn den Hungernden und Übernächtigen der Jähzorn packt. Übernächtig war ich damals schon deshalb, weil wir in unserer Erdhütte, die als Fleckfieberbaracke diente, eine Zeitlang heizen konnten, hierbei aber dafür sorgen mußten, daß das Ofenfeuer nachts nicht ausgehe. Wer von uns noch halbwegs soweit bei Kräften war, mußte sich an einem Nachtdienst beteiligen, der den Ofen bewachen sollte. Wohl gehört es – trotz allem! – zu den idyllischsten Stunden, die ich je erlebt habe, wenn ich mitten in der Nacht, während die andern schliefen oder im Fieber delirierten, vor dem kleinen Ofen der Baracke auf dem Erdboden hingestreckt dalag, während meiner »Schicht«-Stunden die Flamme hütend – und in der Glut der gestohlenen Briketts ein paar gestohlene Erdäpfel bratend ... Aber um so übernächtiger und um so müder, apathischer und gereizter fühlte man sich am nächsten Tag. Damals war ich, nicht lange vor unserer Befreiung, als Fleckfieberarzt tätig und mußte außerdem den selber erkrankten Blockältesten vertreten. So war ich für die Reinlichkeit der Baracke – soweit solche Reinlichkeit unter den gegebenen Umständen überhaupt in Frage kam – vor der Lagerverwaltung verantwortlich. Die große Augenauswischerei, zu deren Zwecken die Baracke immer wieder inspiziert wurde, diente viel weniger hygienischen Maßnahmen, als einfach der Quälerei. Mehr Essen oder ein wenig Medikamente hätten gewirkt – aber man kümmerte sich bloß darum, daß im Mittelgang kein Strohhalm lag und die zerfetzten, bedreckten und verlausten Decken der Kranken am Fußende schön in einer Linie ausgerichtet waren. War Inspektion angekündigt, dann mußte ich dafür sorgen, daß dem Lagerführer oder dem Lagerältesten, wenn sie sich duckten, um durch die Eingangstür unserer Erdhütte einen flüchtigen Blick ins Innere zu tun, kein Strohhalm auffiel, daß kein Stäubchen Asche vor dem Ofen lag und dergleichen. Aber was das Schicksal der in diesem Loch hausenden Menschen anlangte, genügte es der Inspektion, daß ich, das Häftlingsbarett vom geschorenen Schädel herabreißend und die Fersen zusammenknallend, forsch und stramm »meldete«: Revierbaracke VI/9 – Belag 52 Fleckfieberkranke, 2 Pfleger, 1 Arzt. Und schon waren die Inspizierenden weg. Bis es aber so weit war, daß sie kamen – und sie kamen gewöhnlich viele Stunden später als angekündigt (oder überhaupt nicht) –, war ich gezwungen, ununterbrochen Decken auszurichten, von den Liegeplätzen herabfallende Strohhalme aufzulesen und – mit den armen Teufeln, die alle Scheinordnung und Scheinreinlichkeit noch im letzten Moment zu »schmeißen« drohten, herumzubrüllen. Denn die Apathie und Abstumpfung, die bei den Fiebernden noch besonders erhöht ist, läßt sie überhaupt nur reagieren, wenn man sie heftig anschreit. Aber auch das versagt oft – und dann heißt es eben wirklich mit aller Macht an sich halten, um nicht zuzuschlagen. Denn die eigene Gereiztheit wird angesichts der Apathie der andern und erst recht noch angesichts der Gefahr, in die man hierdurch bei der kommenden Inspektion gerät, ins Unermeßliche gesteigert.

Nach diesem Versuch einer psychologischen Darstellung und psychopathologischen Erklärung der typischen Charakterzüge, die ein länger dauernder Aufenthalt im Konzentrationslager dem Menschen aufprägt, müßte man nun den Eindruck gewinnen, daß die menschliche Seele letzten Endes von der Umwelt her zwangsmäßig und eindeutig bestimmt wird. Ist es doch, innerhalb der Psychologie des Konzentrationslagers beispielsweise, eben dieses Lagerleben, das als eigenartige soziale Umwelt das Verhalten des Menschen scheinbar zwangsläufig gestaltet. Man wird daher mit Recht Einwendungen erheben können und fragen: wo bleibt dann die menschliche Freiheit? Gibt es denn da keine geistige Freiheit des Sichverhaltens, der Einstellung zu den gegebenen Umweltsbedingungen? Ist es wirklich so, daß der Mensch nichts weiter sei als ein Produkt vielfacher Bestimmtheiten und Bedingtheiten, seien sie nun biologisch gemeint oder psychologisch oder soziologisch? Ist der Mensch also wirklich nicht mehr als das zufällige Resultat seiner leiblichen Konstitution, seiner charakterologischen Disposition und seiner gesellschaftlichen Situation? Und, im besonderen: zeigt sich an den seelischen Reaktionen des Menschen auf die besondere, sozial bedingte Umwelt des Lagerlebens tatsächlich, daß er den Einflüssen dieser Daseinsform, denen er gezwungenermaßen unterstellt ist, sich gar nicht entziehen kann? Daß er diesen Einflüssen unterliegen muß? Daß er »unter dem Zwang der Verhältnisse«, der dort im Lager herrschenden Lebensverhältnisse, »nicht anders kann«?

Nun, diese Frage können wir sowohl erfahrungsmäßig als auch grundsätzlich beantworten. Erfahrungsgemäß insofern, als das Lagerleben selber uns gezeigt hat, daß der

Mensch sehr wohl »auch anders kann«. Es gäbe Beispiele genug, oft heroische, welche bewiesen haben, daß man etwa die Apathie eben überwinden und die Gereiztheit eben unterdrücken kann; daß also ein Rest von geistiger Freiheit, von freier Einstellung des Ich zur Umwelt auch noch in dieser scheinbar absoluten Zwangslage, äußeren wie inneren, fortbesteht. Wer von denen, die das Konzentrationslager erlebt haben, wüßte nicht von jenen Menschengestalten zu erzählen, die da über die Appellplätze oder durch die Baracken des Lagers gewandelt sind, hier ein gutes Wort, dort den letzten Bissen Brot spendend? Und mögen es auch nur wenige gewesen sein – sie haben Beweiskraft dafür, *daß man dem Menschen im Konzentrationslager alles nehmen kann, nur nicht: die letzte menschliche Freiheit, sich zu den gegebenen Verhältnissen so oder so einzustellen. Und es gab ein »So oder so«!* Und jeder Tag und jede Stunde im Lager gab tausendfältige Gelegenheit, diese innere Entscheidung zu vollziehen, die eine Entscheidung des Menschen für oder gegen den Verfall an jene Mächte der Umwelt darstellt, die dem Menschen sein Eigentliches zu rauben drohen – seine innere Freiheit – und ihn dazu verführen, unter Verzicht auf Freiheit und Würde zum bloßen Spielball und Objekt der äußeren Bedingungen zu werden und sich von ihnen zum »typischen« Lagerhäftling umprägen zu lassen.

Unter diesem letzten der möglichen Gesichtspunkte muß uns auch die seelische Reaktionsweise der Insassen der Konzentrationslager letztlich als mehr erscheinen denn als bloßer Ausdruck gewisser leiblicher, seelischer und gesellschaftlicher Bedingungen – mögen sie alle, sowohl der Kalorienmangel der Nahrung als auch das Schlafdefizit und die verschiedensten seelischen »Komplexe«, noch so sehr den Verfall des Menschen an die Gesetzmäßigkeit einer typischen Lagerpsyche gleichsam nahelegen. In letzter Sicht erweist sich das, was mit dem Menschen innerlich geschieht, was das Lager aus ihm als Menschen scheinbar »macht«, als das Ergebnis einer inneren Entscheidung. Grundsätzlich also kann jeder Mensch, und auch noch unter solchen Umständen, irgendwie entscheiden, was – geistig gesehen – im Lager aus ihm wird: ein typischer »KZler« – oder ein Mensch, der auch hier noch Mensch bleibt und die Menschenwürde bewahrt.

Dostojewski hat einmal gesagt: »Ich fürchte nur eines: meiner Qual nicht würdig zu sein.« Diese Worte mußten einem häufig genug durch den Kopf gehen, wenn man jene märtyrerhaften Menschen kennenlernte, deren Verhalten im Lager, deren Leiden und Sterben von der in Frage stehenden letzten und unverlierbaren inneren Freiheit des Menschen Zeugnis ablegten. Sie hätten wohl sagen können, daß sie »ihrer Qualen würdig« gewesen sind. Sie haben dafür den Beweis erbracht, daß im rechten Leiden ein Leisten liegt, daß es eine innere Leistung darstellt. *Die geistige Freiheit des Menschen, die man ihm bis zum letzten Atemzug nicht nehmen kann, läßt ihn auch noch bis zum letzten Atemzug Gelegenheit finden, sein Leben sinnvoll zu gestalten.* Denn nicht nur ein tätiges Leben hat Sinn, indem es dem Menschen die Möglichkeit gibt, in schöpferischer Weise Werte zu verwirklichen; und nicht nur ein genießendes Leben hat Sinn, also ein Leben, das dem Menschen Gelegenheit gibt, im Erlebnis der Schönheit, im Erleben von Kunst oder Natur, sich zu erfüllen; sondern auch noch das Leben behält seinen Sinn, das – wie etwa im Konzentrationslager – kaum eine Chance mehr bietet, schöpferisch oder erlebend Werte zu verwirklichen, vielmehr nur noch eine letzte Möglichkeit zuläßt, das Leben sinnvoll zu gestalten, nämlich eben in der Weise, in der sich der Mensch zu dieser äußerlich erzwungenen Einschränkung seines Daseins einstellt. Das schöpferische wie das genießende Leben sind ihm längst verschlossen. Aber nicht nur schöpferisches und genießendes Leben hat einen Sinn, sondern: *wenn Leben überhaupt einen Sinn hat, dann muß auch Leiden einen Sinn haben.* Gehört doch das Leiden zum Leben irgendwie dazu – genau so wie das Schicksal und das Sterben. Not und Tod machen das menschliche Dasein erst zu einem Ganzen.

Während die Bekümmerung der meisten der Frage galt: Werden wir das Lager überleben? Denn, wenn nicht, dann hat dieses ganze Leiden keinen Sinn – lautete demgegenüber die Frage, die mich bedrängte, anders: Hat dieses ganze Leiden, dieses Sterben rund um uns, einen Sinn? Denn, wenn nicht, dann hätte es letztlich auch gar keinen Sinn, das Lager zu überleben. Denn ein Leben, dessen Sinn damit steht und fällt, daß man mit ihm davonkommt oder nicht, ein Leben also, dessen Sinn von Gnaden eines solchen Zufalls abhängt, solch ein Leben wäre nicht eigentlich wert, überhaupt gelebt zu werden.

## *Das Schicksal – ein Geschenk*

In der Art, wie ein Mensch sein unabwendbares Schicksal auf sich nimmt, mit diesem Schicksal all das Leiden, das es ihm auferlegt, darin eröffnet sich auch noch in den schwierigsten Situationen und noch bis zur letzten Minute des Lebens eine Fülle von Möglichkeiten, das Leben sinnvoll zu gestalten. Je nachdem, ob einer mutig und tapfer bleibt, würdig und selbstlos, oder aber im bis aufs äußerste zugespitzten Kampf um die Selbsterhaltung sein Menschentum vergißt und vollends jenes Herdentier wird, an das uns die Psychologie des Lagerhäftlings erinnert hat –, je nachdem hat der Mensch die Wertmöglichkeiten, die ihm seine leidvolle Situation und sein schweres Schicksal geboten haben, verwirklicht oder verwirkt – und je nach dem war er »der Qual würdig« oder nicht.

Man denke nur nicht, daß derartige Überlegungen lebensfern oder weltfremd sind. Gewiß, solcher Höhe sind nur wenige und seltene Menschen fähig und gewachsen; nur wenige haben sich im Lager zu ihrer vollen inneren Freiheit bekannt und zur Verwirklichung jener Werte aufschwingen können, die das Leiden ermöglicht. Aber wenn es auch nur ein einziger gewesen wäre – er genügte als Zeuge dafür, daß der Mensch innerlich stärker sein kann als sein äußerliches Schicksal, und nicht nur im Konzentrationslager. Der Mensch wird allenthalben mit dem Schicksal konfrontiert und so vor die Entscheidung gestellt, aus seinem bloßen Leidenszustand eine innere Leistung zu gestalten. Man denke nur an das Schicksal kranker Menschen, besonders der unheilbaren. Ich selbst habe einmal den Brief eines relativ jungen Patienten gelesen, in dem er seinem Freund mitteilt, er habe soeben erfahren, daß er nicht mehr lange zu leben habe und ihm auch durch eine Operation nicht mehr zu helfen sei. Weiters schrieb er aber in diesem Brief, er erinnere sich gerade jetzt an einen Film, in welchem ein Mann dargestellt wurde, der mutig, würdig und tapfer seinem Tode entgegensah; damals, angesichts dieses Films, dachte unser Patient, es müsse dies »ein Geschenk des Himmels« sein, so aufrecht dem Tode entgegengehen zu können, und nun, schrieb er weiter, habe ihm sein Schicksal – diese Chance gewährt.

Nun, wer von uns, die wir seinerzeit, vor Jahren, einen andern Film sahen, »Auferstehung« nach Tolstoi, hätte nicht ebenfalls gedacht: das sind große Schicksale, das sind große Menschen. Unsereins kommt aber wohl nicht zu so einem großen Schicksal, hat daher auch wohl niemals die Chance, zu solcher menschlichen Größe emporzuwachsen ... Und dann gingen wir nach Schluß der Vorstellung ins nahegelegene Automatenbuffet und vergaßen bei Sandwich und Mokka die sonderbaren metaphysichen Gedanken, die für einen Augenblick unser Bewußtsein durchkreuzt hatten. Aber wenn man selber vor ein großes Schicksal gestellt war, wenn man dann selber vor der Entscheidung stand, sich mit eigener innerer Größe dem Schicksal eben zu stellen –, dann dachte man längst nicht mehr an jene spielerischen Vorsätze, und man versagte ...

Für den einen oder andern kam aber dann vielleicht der Tag, an dem er wieder im Kino saß und der gleiche oder ein ähnlicher Film vor seinen Augen abrollte, während innerlich, vor seinem geistigen Auge, gleichzeitig ein Film der Erinnerung ablief, der Erinnerung an jene Menschen, die all dies und noch mehr, als eine sentimentale Filmproduktion zu zeigen vermöchte, in je ihrem Leben verwirklicht haben. Dann mag einem dieses oder jenes Detail aus dieser oder jener Geschichte von der inneren Größe eines Menschen einfallen – wie etwa die Geschichte vom Sterben einer jungen Frau im Konzentrationslager, deren Zeuge ich war. Die Geschichte ist schlicht – es gibt da nicht viel zu erzählen – und trotzdem wird sie wie erfunden klingen, so dichterisch erscheint sie mir:

Diese junge Frau wußte, daß sie in den nächsten Tagen werde sterben müssen. Als ich mit ihr sprach, war sie trotzdem heiter. »Ich bin meinem Schicksal dankbar dafür, daß es mich so hart getroffen hat«, sagte sie zu mir wörtlich; »denn in meinem früheren, bürgerlichen Leben war ich zu verwöhnt und mit meinen geistigen Ambitionen war es mir wohl nicht ganz ernst.« In ihren letzten Tagen war sie ganz verinnerlicht. »Dieser Baum da ist der einzige Freund in meinen Einsamkeiten«, meinte sie und wies durchs Fenster der Baracke. Draußen stand ein Kastanienbaum gerade in Blüte, und wenn man sich zur Pritsche der Kranken hinabneigte, konnte man, durch das kleine Fenster der Revierbaracke, eben noch einen grünenden Zweig mit zwei Blütenkerzen wahrnehmen. »Mit diesem Baum spreche ich öfters«, sagt sie dann. Da werde ich stutzig und weiß nicht, wie ich ihre Worte zu deuten habe. Sollte sie delirant sein und zeitweise halluzinieren? Darum frage ich neugierig, ob der Baum ihr vielleicht auch antworte – ja? – und was er ihr da sage. Darauf gibt sie mir zur Antwort: »Er hat mir gesagt: Ich bin da – ich – bin – da – ich bin das Leben, das ewige Leben ...«

### *Analyse der provisorischen Existenz*

Wenn vorhin davon die Rede war, daß der letzte Grund für die Deformierung der inneren Lebenswirklichkeit des Menschen im Konzentrationslager nicht in den aufgezählten psycho-physischen Ursachen liegt, sondern daß ihr letzlich eine freie Entscheidung zugrunde liegt, so soll dies im folgenden näher erläutert werden. Die psychologische Beobachtung an den Lagerhäftlingen hat vor allem ergeben, daß nur derjenige in seiner Charakterentwicklung den Einflüssen der Lagerwelt verfällt, der sich zuvor geistig und menschlich eben fallen gelassen hat; fallen ließ sich aber nur derjenige, der keinen inneren Halt mehr besaß! Worin hätte nun solch ein innerer Halt bestehen sollen und können? Dies ist jetzt unsere Frage.

Übereinstimmend hört man aus Berichten und Selbstschilderungen des Erlebens ehemaliger Lagerinsassen immer wieder heraus, daß das Bedrückendste eigentlich die Tatsache gewesen sei, daß der Häftling im allgemeinen nie weiß, wie lange er noch im Konzentrationslager wird verbleiben müssen. Er kennt keinen Entlassungstermin! Der Entlassungstermin – sofern ein solcher überhaupt zur Diskussion stand (in unserem Lager konnte er z.B. gar nicht zur Diskussion stehen) – war so unbestimmt, daß sich praktisch und erlebnismäßig nicht nur eine unabgrenzbare, sondern eine unbegrenzte Haftdauer ergeben mußte. Und wenn ein bekannter psychologischer Forscher gelegentlich einmal darauf hingewiesen hat, daß sich die Daseinsweise im Konzentrationslager kennzeichnen ließe als eine »provisorische Existenz«, dann haben wir sonach diese Charakterisierung insofern zu ergänzen, als wir sagen: die Existenz des Häftlings in Konzentrationslagern läßt sich definieren als »Provisorium ohne Termin«!

Wenn die Neueingelieferten in einem Lager ankamen, dann wußten sie gewöhnlich nichts Rechtes über die dort waltenden Zustände. Die Zurückgekehrten mußten schweigen, und von gewissen Lagern war noch niemand zurückgekehrt ... Mit dem Betreten des Lagers jedoch wandelte sich die innere Szenerie: mit dem Ende der Ungewißheit kam auch schon – die Ungewißheit des Endes. Es war nicht abzusehen, ob überhaupt und, wenn ja, wann diese Daseinsform ihr Ende finden würde.

Das lateinische Wort »finis« hat bekanntlich zwei Bedeutungen: Ende – und Ziel. Ein Mensch nun, der nicht das Ende einer (provisorischen) Daseinsform abzusehen imstande ist, vermag auch nicht, auf ein Ziel hin zu leben. Er kann nicht mehr, wie der Mensch im normalen Dasein, auf die Zukunft hin existieren. Dadurch aber verändert sich die gesamte Struktur seines Innenlebens. Es kommt zu inneren Verfallserscheinungen, wie wir sie von andern Lebensgebieten her bereits kennen. In einer ähnlichen psychologischen Situation befindet sich nämlich z.B. der Arbeitslose; auch seine Existenz ist eine provisorische geworden und auch er kann in gewissem Sinne nicht auf die Zukunft hin, auf ein Ziel in dieser Zukunft hin leben. Aus psychologischen Reihenuntersuchungen an arbeitslosen Bergarbeitern hat man die Einwirkungen dieser deformierten Existenzform auf das Zeiterleben, auf die »innere Zeit« oder »Erlebniszeit«, wie man das psychologisch nennt, einer genauen Untersuchung zu unterziehen Gelegenheit gehabt.

Im Lager war es nun so: Ein kleiner Zeitabschnitt, etwa der Tag – ausgefüllt mit den stündlichen Schikanen –, schien schier endlos zu dauern; ein größerer Zeitabschnitt jedoch, etwa die Woche – mit dem täglichen Einerlei –, schien unheimlich rasch zu vergehen. Und meine Kameraden gaben mir immer recht, wenn ich sagte: Im Lager dauert ein Tag länger als eine Woche! So paradox war dieses unheimliche Zeiterleben.

In diesem Zusammenhang wäre übrigens auch an die treffenden psychologischen Bemerkungen zu erinnern, die sich etwa in Thomas Manns Roman »Der Zauberberg« finden, wo die seelische Entwicklung von Menschen geschildert wird, die sich in einer analogen psychologischen Situation befinden: tuberkulöse Sanatoriumsinsassen, die ebenfalls keinen Entlassungstermin kennen und in einer ebenso »zukunftslosen«, nicht auf ein zukünftiges Ziel hin ausgerichteten Existenz dahinleben wie die hier in Frage stehenden Menschentypen, die Insassen von Konzentrationslagern.

Einer der Lagerhäftlinge, der seinerzeit in einer langen Kolonne von neu zugehenden künftigen Insassen vom Bahnhof zum Konzentrationslager dahinmarschiert war, berichtete mir später einmal, er hätte das Gefühl gehabt, als ob er »hinter seiner eigenen Leiche« herzöge. So intensiv erlebte er damals seine absolute Zukunftslosigkeit, die ihn zwang, sein ganzes Leben lediglich unter dem Gesichtspunkt der Vergangenheit zu betrachten, als etwas Vergangenes anzusehen – wie das eines Toten. Aber dieses Erlebnis, »lebender Leichnam« zu sein, wird noch durch anderweitige Momente vertieft. Während in der Zeit die Unbegrenztheit der Haftdauer sich fühlbar macht, macht sich im Raum die Begrenztheit, das Eingesperrtsein fühlbar: Was außerhalb des Stacheldrahts liegt, erscheint alsbald unnahbar, unzugänglich und schließlich irgendwie unwirklich. Die Vorgänge da draußen ebenso wie die Menschen außerhalb des Lagers, alles normale Leben dort draußen wirkt auf den im Lager befindlichen irgendwie gespenstisch. Soweit er einen Blick hinaus tun kann, erscheint ihm das Leben dort so, wie es einem Verstorbenen erscheinen mag, der vom »Jenseits« her auf die Welt herabblickt. Der normalen Welt gegenüber muß daher der Häftling mit der Zeit das Gefühl bekommen, als ob er dieser »Welt abhanden gekommen« wäre.

Die innere Lebensform im Konzentrationslager wird so für den Menschen, der sich menschlich fallen läßt, weil er keinen Halt mehr an einem Zielpunkt in der Zukunft findet, zu einer retrospektiven Daseinsweise. Von ihr, von der Tendenz zur Rückwendung auf die Vergangenheit, haben wir in anderem Zusammenhang bereits gesprochen. Sie dient der Entwertung der Gegenwart, samt deren Schrecken. Die Entwertung der Gegenwart, der umgebenden Wirklichkeit, birgt aber eine gewisse Gefahr in sich. Werden doch die Ansatzmöglichkeiten einer Wirklichkeitsgestaltung – die es ja auch noch im Lagerleben irgendwie gibt, wie so manches heroische Beispiel beweist – dann leicht übersehen. Die totale Entwertung der Realität, wie sie der provisorischen Existenzweise des Lagerhäftlings entspricht, verführt einen vollends dazu, sich gehen zu lassen, sich fallen zu lassen – da ja ohnedies »alles zwecklos« sei. Solche Menschen vergessen, daß oft gerade eine außergewöhnlich schwierige äußere Situation dem Menschen Gelegenheit gibt, innerlich über sich selbst hinauszuwachsen. Statt gerade die äußeren Schwierigkeiten des Lagerlebens zu einer inneren Bewährungsprobe zu gestalten, nehmen sie das gegenwärtige Dasein nicht ernst, sie entwerten es zu etwas Uneigentlichem, vor dem man sich am besten verschließt, indem man sich nur mehr mit dem vergangenen Leben abgibt. Das Leben solcher Menschen versandet dann, statt – wozu grundsätzlich die Möglichkeit gegeben wäre – gerade unter diesen denkbar größten Schwierigkeiten der Haftzeit zu einem Höhepunkt sich aufzuschwingen. Natürlich sind nur wenige Menschen hierzu fähig; ihnen aber ist es gelungen, noch im äußeren Scheitern und auch noch im Sterben zu einer menschlichen Größe zu gelangen, die ihnen früher, in ihrer Alltagsexistenz, vielleicht niemals beschieden gewesen wäre; für die andern jedoch, für uns Mittelmäßige und für uns Laue, galt das Mahnwort von Bismarck, der einmal sagte: Im Leben geht es einem so wie beim Zahnarzt: immer glaubt man, das Eigentliche kommt erst, und inzwischen ist es schon vorbei. Variierend könnte man sagen: die meisten Menschen im Konzentrationslager glaubten, die wahren Möglichkeiten der Verwirklichung seien nun dahin – und in Wirklichkeit bestanden sie eben darin, was einer aus diesem Leben im Lager machte: ein Vegetieren, so wie die Tausende von Häftlingen, oder aber, so wie die Seltenen und Wenigen, ein inneres Siegen.

So wird es klar, daß jeder Versuch, den psychopathologischen Erscheinungen, die das Lagerleben beim Häftling herbeiführt, im Sinne einer Psychotherapie oder gar einer Psychohygiene entgegenzuarbeiten, darauf angewiesen ist, den Menschen im Konzentrationslager und trotz dem Konzentrationslager dadurch innerlich aufzurichten, daß man sich bemüht, ihn wieder auf die Zukunft hin, auf ein Ziel in der Zukunft auszurichten. Instinktiv hat auch von selbst der eine oder andere Lagerinsasse diesen Versuch unternommen. Die meisten hatten etwas, das sie aufrecht hielt, und meistens handelte es sich hierbei um ein Stück Zukunft. Dem Menschen ist es nun einmal eigen, nur unter dem Gesichtswinkel einer Zukunft, also irgendwie sub specie aeternitatis, eigentlich existieren zu können. Zu diesem Gesichtspunkt der Zukunft nimmt er daher in schwierigsten Augenblicken seines Daseins auch immer wieder Zuflucht. Oft mag dies in Form eines Tricks geschehen. Was mich selbst anlangt, erinnere ich mich an folgendes Erlebnis: Fast weinend vor Schmerzen in den wunden Füßen, die in offenen Schuhen staken, im grimmigen Frost und eisigen Gegenwind, humpelte ich in langer Kolonne die paar Kilometer vom Lager zum Arbeitsplatz. Mein Geist beschäftigte sich unablässig mit den tausendfältigen kleinen Problemen unseres armseligen Lagerlebens: Was wird es heute Abend zu essen geben? Soll ich die Scheibe Wurst, die es vielleicht als Zubuße geben wird, nicht lieber für ein Stück Brot eintauschen? Soll ich die letzte Zigarette, die mir von der »Prämie« vor vierzehn Tagen verblieben ist, gegen eine Schüssel Suppe einhandeln? Wie komme ich zu einem Stück Draht, um den gebrochenen zu ersetzen, der mir als Schuhriemenersatz dient? Werde ich jetzt an der Baustelle rechtzeitig den Anschluß an die gewohnte« Arbeitsgruppe finden oder aber in eine andere, zu irgendeinem wüsten und prügelnden Vorarbeiter verschlagen werden? Und was könnte ich unternehmen, um mich mit einem bestimmten Capo gut zu stellen, der mir zur Verwirklichung eines unwahrscheinlichen Glücks verhelfen könnte, nämlich – als Lagerarbeiter im Lager selbst verwendet zu werden und nicht mehr diesen furchtbaren täglichen Marsch mitmachen zu müssen? Schon ekelt mich dieser grausame Zwang an, unter dem all mein Denken sich täglich und stündlich nur mit solchen Fragen abplagen muß. Da gebrauche ich einen Trick: plötzlich sehe ich mich selber in einem hell erleuchteten, schönen und warmen, großen Vortragssaal am Rednerpult stehen, vor mir ein interessiert lauschendes Publikum in gemütlichen Polstersitzen – und ich spreche; spreche und halte einen Vortrag über die Psychologie des Konzentrationslagers! Und all das, was mich so quält und bedrückt, all das wird objektiviert und von einer höheren Warte der Wissenschaftlichkeit aus gesehen und geschildert ... Und mit diesem Trick gelingt es mir, mich irgendwie über die Situation, über die Gegenwart und über ihr Leid zu stellen, und sie so zu schauen, als ob sie schon Vergangenheit darstellte und ich selbst, mitsamt all meinem Leiden, Objekt einer interessanten psychologisch-wissenschaftlichen Untersuchung wäre, die ich selber vornehme. Wie sagt doch Spinoza in seiner »Ethik«? »Affectus, qui passio est, desinit esse passio simulatque eius claram et distinctam formamus ideam.« (Eine Gemütsregung, die ein Leiden ist, hört auf, ein Leiden zu sein, sobald wir uns von ihr eine klare und deutliche Vorstellung bilden. – Ethik, 5. Teil, »Über die Macht des Geistes oder die menschliche Freiheit«, Satz III.)

Wer an eine Zukunft, wer an seine Zukunft nicht mehr zu glauben vermag, ist hingegen im Lager verloren. Mit der Zukunft verliert er den geistigen Halt, läßt sich innerlich fallen und verfällt sowohl körperlich als auch seelisch. Dies geschieht zumeist sogar ziemlich plötzlich, in Form einer Art Krise, deren Erscheinungsweisen dem halbwegs erfahrenen Lagerinsassen geläufig sind. Jeder von uns fürchtete – nicht für sich, denn das wäre ja dann schon gegenstandslos gewesen, vielmehr für seine Freunde – den Zeitpunkt, an dem sich erstmalig diese Krise äußerte. Gewöhnlich sah das so aus, daß der betreffende Häftling eines Tages in der Baracke liegen blieb und nicht dazu zu bewegen war, sich anzukleiden, in den Waschraum zu gehen und auf den Appellplatz zu kommen. Nichts wirkt dann mehr, nichts schreckt ihn noch – keine Bitten, keine Drohung, keine Schläge – alles vergeblich: er bleibt einfach liegen, rührt sich kaum, und wenn es Krankheit ist, welche diese Krise ausgelöst hat, dann weigert er sich auch, sich in die Ambulanz bringen zu lassen oder irgend etwas für sich zu unternehmen. Er gibt sich auf! Selbst in seinem eigenen Harn und Kot bleibt er dann liegen und nichts kümmert ihn mehr.

Wie wesentlich der Zusammenhang zwischen dieser lebensgefährlichen Selbstaufgabe und diesem Sichfallenlassen einerseits und andererseits dem Verlust des Zukunftserlebnisses ist, wurde mir einmal in dramatischer Weise vor Augen geführt: Mein Blockältester, ein nicht unbekannt gewesener ausländischer Komponist und Librettist, vertraute sich mir eines Tages folgendermaßen an. »Du, Doktor, ich möchte dir gerne etwas erzählen. Ich habe da neulich einen merkwürdigen Traum gehabt. Eine Stimme hat mir gesagt, ich dürfe mir etwas wünschen – ich soll ihr nur sagen, was ich gerne wissen möchte, sie wird mir jede Frage beantworten.

Und weißt du, was ich da gefragt habe? Ich möchte wissen, wann der Krieg für mich zu Ende sein wird! Weißt du, Doktor, was ich meine: für mich! Das heißt, ich wollte wissen, wann wir, wann unser Lager befreit werden wird, also wann unsere Leiden aufhören werden.« Und wann hast du diesen Traum gehabt, frage ich ihn. »Im Feber 1945«, antwortet er (damals hatten wir Anfang März). Und was hat dir die Traumstimme gesagt, frage ich weiter. Und leise, geheimnisvoll, flüstert er mir zu: »Am 30. März ...«

Als F., dieser mein Kamerad, mir von seinem Traum erzählte, war er noch voll Hoffnung und überzeugt, seine Traumstimme würde recht behalten. Aber der von ihr prophezeite Termin rückte immer näher heran – und die ins Lager dringenden Nachrichten über die militärische Lage ließen immer weniger wahrscheinlich erscheinen, daß die Front tatsächlich noch im März uns die Befreiung bringen könnte. Da geschah folgendes. Am 29. März erkrankte F. plötzlich unter hohem Fieber. Am 30. März – also an dem Tage, an dem der Prophezeiung gemäß der Krieg und damit das Leiden »für ihn« zu Ende sein sollte! – begann F. schwer zu delirieren und verlor schließlich das Bewußtsein ... Am 31. März war er tot. Er war an Fleckfieber gestorben.

Wer es weiß, welch innige Zusammenhänge zwischen der Gemütslage eines Menschen und so auch Affekten wie Mut und Hoffnung bzw. Mutlosigkeit und Hoffnungslosigkeit auf der einen Seite und auf der anderen Seite der Immunitätslage des Organismus bestehen, dem wird es auch verständlich erscheinen, welche tödlichen Auswirkungen das jähe Versinken in Hoffnungslosigkeit und Mutlosigkeit haben kann: mein Kamerad F. ist letzen Endes daran gestorben, daß seine schwere Enttäuschung über das Nichteintreffen der pünktlich erwarteten Befreiung die Abwehrkraft seines

Organismus gegen die bereits schlummernde Fleckfieber-Infektion plötzlich absinken ließ. Sein Zukunftsglaube und sein Zukunftswille erlahmten, und so erlag sein Organismus der Krankheit – und so behielt schließlich seine Traumstimme recht ...

Mit der Beobachtung dieses Einzelfalles und den daraus gezogenen Schlüssen steht in Übereinstimmung, worauf mich der Oberarzt unseres Konzentrationslagers gelegentlich aufmerksam machte; daß nämlich in der Woche zwischen Weihnachten 1944 und Neujahr 1945 ein bis dahin noch nie gesehenes Massensterben in unserem Lager einsetzte. Auch seiner Ansicht nach war es weder durch erschwerte Arbeitsbedingungen noch durch verschlechterte Ernährungslage oder geänderte Wetterlage oder neu hinzugekommene Epidemien zu erklären, vielmehr war die Ursache dieses Massensterbens lediglich in der Tatsache zu suchen, daß sich die Mehrzahl der Häftlinge der üblichen naiven Hoffnung hingegeben hatten, schon Weihnachten würden sie wieder zu Hause sein. Als die Zeitungsnachrichten jedoch nichts weniger als ermutigend klangen, während dieser Termin heranrückte, bemächtigte sich der Lagerinsassen jene allgemeine Mutlosigkeit und Enttäuschtheit, deren gefährlicher Einfluß auf die Widerstandskraft der Häftlinge sich eben auch in diesem Massensterben zu jener Zeit erwies.

Wir sagten vorhin, jeder Versuch, die Menschen im Konzentrationslager innerlich wieder aufzurichten, setze voraus, daß es uns gelingt, sie auf ein Ziel in der Zukunft hin auszurichten. Die Devise nun, unter der alle psychotherapeutischen oder psychohygienischen Bemühungen den Häftlingen gegenüber stehen mußten, ist vielleicht am treffendsten ausgedrückt in den Worten von Nietzsche: »Wer ein Warum zu leben hat, erträgt fast jedes Wie.« Man mußte also den

Lagerinsassen, sofern sich hie und da einmal die Gelegenheit hierzu bot, das »Warum« ihres Lebens, ihr Lebensziel, bewußt machen, um so zu erreichen, daß sie auch dem furchtbaren »Wie« des gegenwärtigen Daseins, den Schrecken des Lagerlebens, innerlich gewachsen waren und standhalten konnten. Umgekehrt: wehe dem, der kein Lebensziel mehr vor sich sah, der keinen Lebensinhalt mehr hatte, in seinem Leben keinen Zweck erblickte, dem der Sinn seines Daseins entschwand – und damit jedweder Sinn eines Durchhaltens. Solche Leute, die auf diese Weise völlig haltlos geworden waren, ließen sich alsbald fallen. Die typische Redewendung, mit der sie allen aufmunternden Argumenten entgegentraten und jeglichen Zuspruch ablehnten, lautete dann immer: »Ich hab ja vom Leben nichts mehr zu erwarten.« Was soll man demgegenüber nun erwidern?

## *Nach dem Sinn des Lebens fragen*

Was hier not tut, ist eine Wendung in der ganzen Fragestellung nach dem Sinn des Lebens: Wir müssen lernen und die verzweifelnden Menschen lehren, *daß es eigentlich nie und nimmer darauf ankommt, was wir vom Leben noch zu erwarten haben, vielmehr lediglich darauf: was das Leben von uns erwartet!* Zünftig philosophisch gesprochen könnte man sagen, daß es hier also um eine Art kopernikanische Wende geht, so zwar, daß wir nicht mehr einfach nach dem Sinn des Lebens fragen, sondern daß wir uns selbst als die Befragten erleben, als diejenigen, an die das Leben täglich und stündlich Fragen stellt – Fragen, die wir zu beantworten haben, indem wir nicht durch ein Grübeln oder Reden, sondern nur durch ein Handeln, ein richtiges Verhalten, die rechte Antwort geben. Leben heißt letztlich eben nichts anderes als: Verantwortung tragen für die rechte Beantwortung der Lebensfragen, für die Erfüllung der Aufgaben, die jedem einzelnen das Leben stellt, für die Erfüllung der Forderung der Stunde.

Diese Forderung, und mit ihr der Sinn des Daseins, wechselt von Mensch zu Mensch und von Augenblick zu Augenblick. Nie kann also der Sinn menschlichen Lebens allgemein angegeben werden, nie läßt sich die Frage nach diesem Sinn allgemein beantworten – das Leben, wie es hier gemeint ist, ist nichts Vages, sondern jeweils etwas Konkretes, und so sind auch die Forderungen des Lebens an uns jeweils ganz konkrete. Diese Konkretheit bringt das Schicksal des Menschen mit sich, das für jeden ein einmaliges und einzigartiges ist. Kein Mensch und kein Schicksal läßt sich mit einem andern vergleichen; keine Situation wiederholt sich. Und in jeder Situation ist der Mensch zu anderem Verhalten aufgerufen. Bald verlangt seine konkrete Situation von ihm, daß er handle, sein Schicksal also tätig zu gestalten versuche, bald wieder, daß er von einer Gelegenheit Gebrauch mache, erlebend (etwa genießend) Wertmöglichkeiten zu verwirklichen, bald wieder, daß er das Schicksal eben schlicht auf sich nehme. Immer aber ist jede Situation ausgezeichnet durch jene Einmaligkeit und Einzigartigkeit, die jeweils nur eine, eine einzige, eben die richtige »Antwort« auf die Frage zuläßt, die in der konkreten Situation enthalten ist.

Sofern nun das konkrete Schicksal dem Menschen ein Leid auferlegt, wird er auch in diesem Leid eine Aufgabe, und ebenfalls eine ganz einmalige Aufgabe, sehen müssen. Der Mensch muß sich auch dem Leid gegenüber zu dem Bewußtsein durchringen, daß er mit diesem leidvollen Schicksal sozusagen im ganzen Kosmos einmalig und einzigartig dasteht. Niemand kann es ihm abnehmen, niemand kann an seiner Stelle dieses Leid durchleiden. Darin aber, wie er selbst, der von diesem Schicksal Betroffene, dieses Leid trägt, darin liegt auch die einmalige Möglichkeit zu einer einzigartigen Leistung.

Für uns im Konzentrationslager war dies alles nichts weniger als lebensfremde Spekulation. Für uns waren solche Gedanken das einzige, was uns noch helfen konnte! Denn diese Gedanken waren es, die uns auch dann nicht verzweifeln ließen, wenn wir keine Chance mehr sahen, mit dem Leben davonzukommen. Denn uns ging es längst nicht mehr um die Frage nach dem Sinn des Lebens, wie sie oft in Naivität gestellt wird und nichts weiter meint als die Verwirklichung irgendeines Zieles dadurch, daß wir schaffend etwas hervorbringen. Uns ging es um den Sinn des Lebens als jener Totalität, die auch noch den Tod mit einbegreift und so nicht nur den Sinn von »Leben« gewährleistet, sondern auch den Sinn von Leiden und Sterben: um diesen Sinn haben wir gerungen!

## *Leiden als Leistung*

War uns der Sinn des Leidens einmal offenbar geworden, dann lehnten wir es auch ab, die Leidfülle des Lagerlebens zu verharmlosen oder zu verniedlichen, indem wir sie »verdrängten« und uns über sie hinwegtäuschten – etwa durch billigen oder verkrampften Optimismus. Für uns war auch das Leiden eine Aufgabe geworden, deren Sinnhaftigkeit wir uns nicht mehr verschließen wollten. Für uns hatte das Leiden seinen Leistungscharakter enthüllt – jenen Leistungscharakter, der einen Rilke bewogen hat, auszurufen: »Wieviel ist aufzuleiden!« Wie man von »aufarbeiten« spricht, so spricht hier Rilke von »aufleiden« …

Für uns war wohl »viel aufzuleiden«. Darum war es aber auch notwendig, den Dingen, der Leidfülle, gleichsam ins Gesicht zu sehen; auf die Gefahr hin, daß einer da »weich« wurde, daß er vielleicht einmal insgeheim seinen Tränen freien Lauf ließ. Er hätte sich dieser Tränen nicht zu schämen gebraucht. Sie bürgten dafür, daß er den größten Mut hatte: den Mut zum Leiden! Davon wußten aber die wenigsten, und nur verschämt gestanden sie gelegentlich, daß sie wieder einmal sich ausgeweint hatten –, so wie jener Kamerad, der einmal auf meine Frage, wie er denn seine (Hunger-)Ödeme zum Schwinden gebracht, eingestand: »Ich habe sie mir herausgeweint …«

## *Etwas wartet*

Die keimhaften Ansätze zu einer Psychotherapie bzw. Psychohygiene im Konzentrationslager waren nun, wenn sie ermöglicht wurden, entweder individuelle oder kollektive. Was die individuellen psychotherapeutischen Versuche anlangt, stellten sie oftmals eine dringliche, ja eine lebensrettende »Behandlung« dar. Galten doch solche Bemühungen vor allem der Verhütung von Selbstmorden. War einmal ein Selbstmordversuch unternommen, so bestand ein strengstens gehandhabtes Verbot, den betreffenden Menschen zu retten. So war etwa das »Abschneiden« erhängt vorgefundener Kameraden offiziell untersagt. Um so wichtiger mußte es natürlich erscheinen, verhütende Maßnahmen zu versuchen. Ich erinnere mich nun zweier »Fälle«, die nicht nur als Beispiel dafür dienen sollen, wie die oben dargestellten Gedankengänge praktisch verwertbar waren, sondern auch eine bemerkenswerte Parallelität aufweisen. Es handelte sich um zwei Männer, die in ihren Gesprächen Selbstmordabsichten geäußert hatten. Beide gaben in der gekennzeichneten typischen Weise an, sie hätten »vom Leben nichts mehr zu erwarten«. Beiden gegenüber galt es jedoch, ihnen zu zeigen, daß das Leben von ihnen etwas erwarte, daß etwas im Leben, in der Zukunft, auf sie warte. Tatsächlich ergab sich auch, daß auf den einen ein Mensch wartete: sein Kind, an dem er mit abgöttischer Liebe hing, »wartete« im Ausland auf den Vater. Auf den andern »wartete« jedoch nicht eine Person, sondern eine Sache: sein Werk! Dieser Mann war nämlich Wissenschaftler und hatte über ein bestimmtes Thema eine Bücherserie erscheinen lassen, die noch nicht abgeschlossen war und ihrer Vollendung harrte. Für dieses Werk war dieser Mensch unersetzlich und unaustauschbar; aber er war so nicht mehr und nicht weniger unvertretbar, als jener erste, der, innerhalb der Liebe seines Kindes zu ihm, gleichermaßen unersetzlich und unaustauschbar war: jene Einmaligkeit und Einzigartigkeit, die jeden einzelnen Menschen auszeichnet und jedem einzelnen Dasein erst Sinn verleiht, kommt also sowohl in bezug auf ein Werk oder eine schöpferische Leistung zur Geltung, als auch in bezug auf einen andern Menschen und dessen Liebe. Diese Unvertretbarkeit und Unersetzlichkeit jeder einzelnen Person ist jedoch das, was – zu Bewußtsein gebracht – die Verantwortung, die der Mensch für sein Leben und Weiterleben trägt, so recht in ihrer ganzen Größe aufleuchten läßt. Ein Mensch, der sich dieser Verantwortung bewußt geworden ist, die er gegenüber dem auf ihn wartenden Werk oder einem auf ihn wartenden liebenden Menschen hat, ein solcher Mensch wird nie imstande sein, sein Leben hinzuwerfen. Er weiß eben um das

»Warum« seines Daseins – und wird daher auch fast jedes »Wie« zu ertragen vermögen.

### *Ein Wort zur rechten Zeit*

Die Möglichkeiten zur kollektiven Psychotherapie waren im Lager naturgemäß äußerst beschränkt. Viel mehr als es Reden je vermöchte, war diesbezüglich eines wirksam: das Vorbild! Soweit es beispielsweise unter den Blockältesten einen nicht bonzenhaften gab, hatte der tausendfach Gelegenheit, durch sein aufrechtes und ermutigendes Wesen eine tiefe und weitgehende Wirkung auf die seinem Einfluß Unterstellten auszuüben. Die unmittelbare Wirkung des Seins, des Vorbildseins, ist immer eine größere als die der Sprache. Hin und wieder war aber auch das Wort wirksam, namentlich dann, wenn aus irgendeinem äußeren Grunde das innere Echo erhöht war. So erinnere ich mich an die im folgenden dargestellte Gelegenheit, durch eine Art kollektive Aussprache die durch eine bestimmte äußere Situation gesteigerte innere Bereitschaft der Insassen einer ganzen Baracke psychotherapeutisch auszuwerten.

Es war ein arger Tag gewesen: Vor kurzem war beim Appell verkündet worden, was alles von nun an als Sabotage angesehen werde und demgemäß sofort mit Erhängen bestraft würde; unter solche Delikte fielen Dinge wie Abschneiden schmaler Streifen von unseren alten Decken (was zur Herstellung improvisierter Gamaschen von uns vielfach gemacht worden war), ferner der geringfügigste »Diebstahl«. Nun war vor einigen Tagen ein halbverhungerter Häftling in den Kartoffelbunker eingedrungen, um ein paar Kilogramm Kartoffeln zu stehlen. Der Einbruch war entdeckt und der »Einbrecher« von andern Häftlingen festgestellt worden. Nachdem die Lagerführung von der Sache Wind bekommen hatte, verlangte sie die Auslieferung des Delinquenten, widrigenfalls das ganze Lager einen Fasttag aufdiktiert bekäme. Selbstverständlich fasteten lieber 2500 Kameraden, als daß sie den einen dem Galgen überantwortet hätten. Am Abend dieses Fasttages lagen wir nun in unserer Erdhütte in besonders übler Stimmung beisammen.

Es wurde nur wenig gesprochen und wenn, dann war jedes Wort gereizt. Da geschah noch ein übriges: das Licht ging aus. Die Stimmung erreichte ihren Tiefpunkt. Der Blockälteste aber, ein kluger Mann, improvisierte eine kleine Plauderei über all das, was uns alle innerlich so sehr beschäftigte: er sprach über die vielen Kameraden, die in den letzten Tagen als Kranke oder als Selbstmörder gestorben waren. Er sprach aber auch darüber, was der wahre Grund dieses Sterbens, der einen sowohl wie der andern Art, gewesen sein mochte: das Sich-selbst-Aufgeben. Darüber und über die Frage, wie man die voraussichtlichen nächsten Opfer des tödlichen inneren Sich-fallen-Lassens irgendwie vielleicht noch davor bewahren könnte, wollte unser Blockältester nun einiges zur Erklärung hören – und er apostrophierte mich! Weiß Gott, ich war nichts weniger als in der Stimmung, psychologische Erklärungen abzugeben oder meinen Barackengenossen seelenärztlichen Zuspruch, gleichsam ärztliche Seelsorge zukommen zu lassen. Mich fror und hungerte, und auch ich war schlapp und gereizt. Aber ich mußte mich aufraffen und diese einzigartige Möglichkeit nützen, denn Zuspruch war jetzt nötiger als je.

So begann ich – und ich begann damit, daß ich davon sprach, daß die Zukunft jedem Unbefangenen trostlos erscheinen müsse; ich gab zu, daß jeder von uns sich beiläufig schon ausrechnen könne, wie gering die Wahrscheinlichkeit sei, zu überleben. Noch herrschte im Lager keine Fleckfieber-Epidemie; und trotzdem veranschlagte ich meine Aussicht, zu überleben, mit ungefähr fünf Prozent. Und sagte es den Leuten! Denn ich sagte ihnen auch, daß ich, für meine eigene Person, trotzdem nicht daran dächte, die Hoffnung aufzugeben und die Flinte ins Korn zu werfen. Denn kein Mensch wisse die Zukunft, kein Mensch wisse, was ihm vielleicht schon die nächste Stunde bringe. Und wenn wir uns auch keine sensationellen militärischen Ereignisse für den nächsten Tag erwarten dürften – wer könnte es besser wissen als wir mit unserer Lagererfahrung, daß sich oft plötzlich irgendeine große Chance ergibt, zumindest für den einzelnen: eine unvermutete Einreihung in einen kleinen Transport zu einem Sonderkommando mit besonders günstigen Arbeitsbedingungen oder dergleichen – Dinge, wie sie nun einmal die Sehnsucht und das höchste »Glück« eines Lagerhäftlings ausmachen.

Aber ich sprach nicht nur von der Zukunft und von dem Dunkel, in das sie glücklicherweise gehüllt war, und von der Gegenwart mit all ihren Leiden, sondern ich sprach auch von der Vergangenheit – von all ihren Freuden und dem Licht, das sie noch in die Finsternis unserer Tage spendete. Ich zitierte den Dichter, der da sagt: »Was du erlebt, kann keine Macht der Welt dir rauben.« Was wir in der Fülle unseres vergangenen Lebens, in dessen Erlebnisfülle verwirklicht haben, diesen inneren Reichtum kann uns nichts und niemand mehr nehmen. Aber nicht nur, was wir erlebt; auch das, was wir getan, das, was wir Großes je gedacht, und das, was wir gelitten ... all das haben wir hereingerettet in die Wirklichkeit, ein für allemal. Und mag es auch vergangen sein – eben in der Vergangenheit ist es für alle Ewigkeit gesichert! Denn Vergangensein ist auch noch eine Art von Sein, ja vielleicht die sicherste.

Und dann sprach ich schließlich noch von der Vielfalt der Möglichkeiten, das Leben mit Sinn zu erfüllen. Ich erzählte meinen Kameraden (die ganz still dalagen und sich kaum rührten, höchstens ab und zu ein ergriffenes Seufzen hören ließen) davon, daß menschliches Leben immer und unter allen Umständen Sinn habe, und daß dieser unendliche Sinn des Daseins auch noch Leiden und Sterben, Not und Tod in sich mit einbegreife. Und ich bat diese armen Teufel, die mir hier in der stockfinstern Baracke aufmerksam zuhörten, den Dingen und dem Ernst unserer Lage ins Gesicht zu sehen und trotzdem nicht zu verzagen, sondern im Bewußtsein, daß auch die Aussichtslosigkeit unseres Kampfes seinem Sinn und seiner Würde nichts anhaben könne, den Mut zu bewahren. Auf jeden von uns, sagte ich ihnen, sehe in diesen schweren Stunden und erst recht in der für viele von uns nahenden letzten Stunde irgend jemand mit forderndem Blick herab, ein Freund oder eine Frau, ein Lebender oder ein Toter – oder ein Gott. Und er erwarte von uns, daß wir ihn nicht enttäuschen und daß wir nicht armselig, sondern stolz zu leiden und zu sterben verstehen!

Und dann sprach ich, zum Schluß, von unserem Opfer; daß es Sinn habe, auf jeden Fall. Daß es im Wesen des Opfers liege, unter der Voraussetzung gebracht zu werden, daß scheinbar, daß in dieser Welt – in der Welt des Erfolgs – nichts damit erreicht würde. Sei es nun, daß es sich um ein

Sichopfern für eine politische Idee handelt, oder sei es, daß es um die Selbstaufopferung eines Menschen für einen andern geht. Freilich, derjenige unter uns, der im religiösen Sinne gläubig ist, der könne dies leicht einsehen; und ich sagte ihnen das auch. Und ich erzählte ihnen von jenem Kameraden, der zu Beginn seines Lageraufenthalts dem Himmel einen Pakt angetragen hatte: sein Leiden und sein Sterben möge dem von ihm so geliebten Menschen einen qualvollen Tod ersparen. Für diesen Mann war Leiden und Sterben nicht sinnlos, sondern – als Opfer – voll tiefsten Sinnes geworden. Ohne Sinn wollte er nicht leiden und sterben; ohne Sinn aber wollten es wir alle nicht! Und diesen letzten Sinn diesem unserem Leben hier – in dieser Lagerbaracke – und jetzt – in dieser praktisch aussichtslosen Situation – zu geben, das war das Bemühen meiner Worte.

Daß diese Bemühung ihr Ziel erreichte, erfuhr ich alsbald. Bald flammte die elektrische Birne an einem Balken unserer Baracke wieder auf, und ich sah die Elendsgestalten meiner Kameraden, die nun mit Tränen in den Augen zu meinem Platz heranhumpelten, um – sich zu bedanken ... Daß ich aber nur allzu selten die innere Kraft hatte, mich zu solchem letzten inneren Kontakt mit meinen Leidensgenossen aufzuschwingen wie an diesem Abend, daß ich sicher so manche sich hierzu bietende äußere Gelegenheit *nicht* genützt habe, soll hier eingestanden werden.

## *Psychologie der Lagerwache*

Bevor wir uns, nach der Besprechung des Aufnahmeschocks und der Psychologie des eigentlichen Lagerlebens, mit der dritten Phase innerhalb der seelischen Reaktion des Häftlings befassen, nämlich mit der Psychologie des aus dem Lager entlassenen bzw. des befreiten, wollen wir uns nebenher noch mit einer Sonderfrage beschäftigen, die dem Psychologen im allgemeinen und im besonderen demjenigen, der die Dinge auch selber erlebt hat, wiederholt vorgelegt wird: mit der Psychologie der Lagerwache! Wie ist es möglich, daß Menschen aus Fleisch und Blut andern all das antun, was mitgemacht zu haben letztere berichten? Hat einer, der solche Berichte anhört und sie nun einmal wirklich auch glaubt, zur Kenntnis genommen, daß so etwas überhaupt möglich ist, dann fragt er eben, wie es psychologisch möglich sein konnte. Um diese Frage zu beantworten, auch ohne auf sie näher eingehen zu wollen, müssen wir auf folgendes hinweisen: Erstens gibt es unter den Wachtposten eines Lagers ausgesprochene Sadisten, im strengen klinischen Sinne verstanden. Zweitens wurden die Sadisten eben ausgesucht, wann immer es galt, eine scharfe Bewachungsmannschaft zusammenzustellen. Zu jener negativen Auslese der Helfershelfer und Henkersknechte, wie sie unter der Masse der Häftlinge, etwa zum Zwecke der Stellung von Capos, stattfand, zu dieser negativen Auslese, von der wir schon sprachen und sagten, sie lasse es verständlich erscheinen, daß oft gerade die brutalen Elemente und egoistischen Individuen überleben konnten, zu dieser negativen Auslese trat im Lager also eine positive Auslese der Sadisten hinzu.

Wenn wir auf dem Arbeitsplatz, bei grimmigem Frost und praktisch ohne rechten Kälteschutz durch Kleidung, im Graben standen und die Erlaubnis hatten, turnusweise – jeder nach je etwa zwei Stunden – uns für einige Minuten zu einem im Freien aufgestellten Korbofen zu stellen, für dessen Beheizung man Zweige oder Holzabfälle verwenden durfte, dann herrschte unter uns allen natürlich große Freude. Dann gab es aber auch immer wieder einen Vorarbeiter oder Arbeitsführer, dem es einen Genuß bereitete, uns diese Freude eben zu nehmen, und es war nicht schwer, von seinen Gesichtszügen das sadistische Vergnügen abzulesen, mit dem er alles eigenmächtig verbat und den Ofen mitsamt der wunderschönen Holzglut in den Schnee stürzte. Und wenn jemand der SS nicht zu Gesicht stand, dann hatte sie auch immer einen Mann unter sich, dem sie den Armen überantwortete, weil bekannt war, daß jener ebenso hemmungslos wie in sadistischen Quälereien hochspezialisiert war.

Drittens wäre zu bemerken, daß ein Großteil der Lagerwache einfach überhaupt abgestumpft war durch die vielen Jahre, in denen sie gleichsam in zunehmender Dosierung Zeugen des ganzen sadistischen Betriebs im Lager geworden waren. Diese abgestumpften und in ihrem Gemütsleben verhärteten Menschen waren es dann hauptsächlich, die wenigstens den Sadismus in eigener Regie ablehnten; aber das war auch alles, denn gegen den Sadismus der andern unternahmen sie natürlich nichts.

Viertens muß aber auch noch folgendes bemerkt werden: Auch unter der Lagerwache gab es Saboteure. Ich will hier nur jenen Lagerführer aus dem Lager, in dem ich zuletzt war und aus dem ich befreit wurde, erwähnen. Er war SS-Mann. Nach der Befreiung des Lagers stellte sich jedoch heraus, wovon bis dahin nur der Lagerarzt (selber ein Häftling) wußte: Der Lagerführer hatte aus eigener Tasche nicht geringe Geldbeträge insgeheim hergegeben, um aus der Apotheke des nahen Marktfleckens Medikamente für seine Lagerinsassen besorgen zu lassen! Die Geschichte hatte ein Nachspiel: Nach der Befreiung versteckten jüdische Häftlinge den SS-Mann vor den amerikanischen Truppen und erklärten deren Kommandanten gegenüber, sie würden ihm den SS-Mann einzig und allein unter der Bedingung ausliefern, daß ihm kein Haar gekrümmt wird. Der amerikanische Truppenkommandant gab ihnen nun sein Offiziersehrenwort, und die jüdischen Häftlinge führten ihm den gewesenen Lagerkommandanten vor. Der Truppenkommandant ernannte den SS-Mann wieder zum Lagerkommandanten – und der SS-Mann organisierte für uns Lebensmittel- und Kleidersammlungen unter der Bevölkerung der umliegenden Dörfer.

Der Lagerälteste eben dieses Lagers jedoch, also ein Häftling, war schärfer als alle SS-Wachen des Lagers zusammen; er schlug die Häftlinge, wann und wo und wie er nur konnte, während beispielsweise der Lagerführer meines Wissens kein einziges Mal die Hand gegen einen »seiner« Häftlinge erhoben hat.

Daraus ersieht man eines: mit der Kennzeichnung eines Menschen als Angehörigen der Lagerwache oder, umgekehrt, als Lagerhäftling ist nicht das geringste gesagt. Menschliche Güte kann man bei allen Menschen finden, sie findet sich also auch bei der Gruppe, deren pauschale Verurteilung doch gewiß sehr nahe liegt. Es überschneiden sich eben die Grenzen! So einfach dürfen wir es uns nicht machen, daß wir erklären: die einen sind Engel und die andern sind Teufel. Im Gegenteil: entgegen der allgemeinen Suggestion, die sich im Lagerleben auswirkt, als Wachtposten oder Aufseher den Häftlingen gegenüber menschlich zu sein, ist und bleibt irgendwie eine persönliche und moralische Leistung; andererseits ist die Niedertracht eines Häftlings, der seinen eigenen Leidensgenossen Übles antut, besonders verwerflich. Daß die Charakterlosigkeit eines solchen Menschen die Lagerhäftlinge besonders schmerzt, ist ebenso klar wie andererseits die tiefe Erschütterung, mit der ein Häftling die geringste Menschlichkeit entgegennimmt, die ihm etwa von einem Wachtposten erwiesen wird. Wenn ich mich z.B. daran erinnere, wie mir ein Vorarbeiter (also ein Nicht-Häftling) eines Tages verstohlen ein kleines Stück Brot reichte – von dem ich wußte, daß er es sich von seiner Frühstücksration abgespart haben mußte –, dann erinnere ich mich auch daran, daß es bei weitem nicht dieses Stück Brot als materielles Etwas war, das mich damals buchstäblich zu Tränen rührte; sondern es war das menschliche Etwas, das dieser Mann mir damals gab, und das menschliche Wort sowie der menschliche Blick, der die Gabe begleitete ...

Aus all dem können wir lernen: es gibt auf Erden zwei Menschenrassen, aber auch nur diese beiden: die »Rasse« der anständigen Menschen und die der unanständigen Menschen. Und beide »Rassen« sind allgemein verbreitet: in alle Gruppen dringen sie ein und sickern sie durch; keine Gruppe besteht ausschließlich aus anständigen und ausschließlich aus unanständigen Menschen, in diesem Sinne ist also keine Gruppe »rassenrein« – nun, und so gab es den einen oder andern anständigen Kerl eben auch unter der Wachmannschaft!

Das Leben im Konzentrationslager ließ zweifelsohne einen Abgrund in die äußersten Tiefen des Menschen aufbrechen. Soll es uns da wundern, daß in diesen Tiefen auch wieder nur das Menschliche sichtbar wird? Das Menschliche als das, was es ist –, als eine Legierung von gut und böse! Der Riß, der durch alles Menschsein hindurchgeht und zwischen gut und böse scheidet, reicht auch noch bis in die tiefsten Tiefen und wird eben auf dem Grunde auch noch dieses Abgrunds, den das Konzentrationslager darstellt, offenbar.

Wir haben den Menschen kennengelernt wie vielleicht bisher noch keine Generation. Was also ist der Mensch? Er ist das Wesen, das immer *entscheidet,* was es ist. Er ist das

Wesen, das die Gaskammern erfunden hat; aber zugleich ist er auch das Wesen, das in die Gaskammern gegangen ist aufrecht und ein Gebet auf den Lippen.

# Die dritte Phase: Nach der Befreiung aus dem Lager

Und jetzt wollen wir uns dem letzten Abschnitt innerhalb einer Psychologie des Konzentrationslagers zuwenden: der Psychologie des aus dem Lager befreiten Häftlings.

Bei der Schilderung des Befreiungserlebnisses, die naturgemäß nie eine unpersönliche Darstellung sein kann, wollen wir an jenen Teil unseres Berichts anknüpfen, wo davon bereits die Rede war, wie nach Tagen höchster Spannung eines Morgens die weiße Fahne am Lagertor wehte. Dieser seelischen Hochspannung folgte nun eine totale innere Entspannung; wer aber denkt, daß nun unter uns große Freude geherrscht habe, der täuscht sich. Wie war es damals aber wirklich?

Mit müden Schritten schleppen sich die Kameraden zum Lagertor – die Beine tragen sie kaum. Scheu blicken sie um sich, fragend sehen sie einander an. Dann machen sie die ersten zaghaften Schritte beim Lagertor hinaus. Diesmal ertönt kein Kommando, diesmal duckt man sich vor keinem Faustschlag oder Fußtritt. O nein; diesmal offeriert einem die Lagerwache Zigaretten. Man erkennt die Posten freilich nicht sofort als solche, denn sie haben sich inzwischen bereits beeilt, Zivilkleidung anzulegen. Langsam geht man weiter, die Zufahrtsstraße entlang. Schon schmerzen einen die Beine und drohen, den Dienst zu versagen. Man schleppt sich weiter, man will die Umgebung des Lagers erstmalig sehen – oder besser: sie erstmalig als freier Mensch sehen. So tritt man in die Natur hinaus und in die Freiheit. »In die Freiheit«, sagt man sich vor und wiederholt man in Gedanken immer wieder; aber man kann es einfach nicht fassen. Das Wort Freiheit war in den jahrelangen Sehnsuchtsträumen schon zu sehr abgegriffen und der Begriff zu sehr verblaßt; mit der Wirklichkeit konfrontiert, zerfließt er. Die Wirklichkeit dringt noch nicht recht ins Bewußtsein ein: man kann es eben einfach noch nicht fassen.

Da kommt man zu einer Wiese. Da sieht man blühende Blumen auf ihr. Man nimmt dies alles zur Kenntnis, aber – nicht »zum Gefühl«. Der erste kleine Funke von Freude sprüht auf, sobald man einen Hahn bemerkt, der prächtige vielfarbige Schwanzfedern hat. Aber es bleibt bei einem Freudefunken, und noch hat man nicht teil an der Welt. Dann setzt man sich unter einen Kastanienbaum, auf eine kleine Bank; weiß Gott, welchen Ausdruck da das Gesicht annimmt –, jedenfalls: noch macht die Welt keinen Eindruck.

Abends, wenn die Kameraden in ihrer alten Erdhütte wieder zusammenströmen, kommt einer zum andern und fragt ihn heimlich: »Du, sag einmal –, hast du dich heute gefreut?« Und einer sagt dem andern – und fühlt sich noch beschämt, weil er noch nicht weiß, daß es jedem so ergangen – »Offen gesagt: nein!« ... Man hat es buchstäblich verlernt, sich zu freuen, und man wird es erst wieder lernen müssen.

Was da die befreiten Kameraden erlebten, läßt sich vom psychologischen Standpunkt als ausgesprochene Depersonalisation bezeichnen. Alles erscheint unwirklich, unwahrscheinlich, alles erscheint wie ein bloßer Traum. Noch kann man es nicht glauben. Zu oft, viel zu oft hat einen in diesen letzten Jahren der Traum gefoppt. Wie oft hat man nicht davon geträumt, daß dieser Tag anbricht und daß man sich wird frei bewegen können! Wie oft hat man nicht davon geträumt, daß man eines Tages heimkommt, seine Freunde begrüßt und seine Frau umarmt, sich mit ihnen zu Tische setzt und nun zu erzählen beginnt von all dem, was man diese Jahre über mitgemacht hat, und auch davon, wie oft man schon diesen Tag des Wiedersehens in Träumen vorweggenommen –, diesmal aber sei dieser Tag Wirklichkeit geworden! Da schrillen die drei Pfiffe ins Ohr, die das »Aufstehen!« kommandieren, und reißen einen aus dem Traum heraus, als der sich die Freiheit zum soundsovielten Male wieder erwiesen hat. Und jetzt soll man auf einmal glauben! Jetzt soll diese Freiheit *wirkliche* Wirklichkeit geworden sein?

Und doch ist es so, eines Tages. Der Körper aber hat weniger Hemmungen als die Seele. Von der ersten Stunde an, in der es nun möglich wird, nützt er die Wirklichkeit, greift er zu, buchstäblich: man beginnt nämlich zu fressen. Man ißt stundenlang, tagelang, halbe Nächte lang. Unbegreiflich, was man da alles zusammenessen kann. Und wenn dann der eine oder andere befreite Häftling irgendwo bei netten Bauern in der Nähe des Lagers eingeladen ist, dann ißt er und dann trinkt er Kaffee – und der löst ihm die Zunge, und nun beginnt er zu erzählen, stundenlang. Da entlädt sich der jahrelange Druck, der auf ihm gelastet hat, und vielfach macht dieses Erzählen den Eindruck, als ob der Betreffende unter einer Art seelischem Zwang stünde, so dranghaft ist dieses Erzählen, dieses Redenmüssen. (Eine Beobachtung, die mir auch von Leuten bekannt ist, die, wenn auch nur für kurze Zeit, so doch unter schwerem Druck gestanden waren, etwa bei Gestapo-Verhören.)

Tage vergehen, viele Tage, bis sich nicht bloß die Zunge löst, sondern irgend etwas im Innern gelöst wird, und bis dann plötzlich das Gefühl eine Bresche schlägt in jene merkwürdige hemmende Barriere, von der es bis dahin noch eingedämmt war. Dann gehst du eines Tages, ein paar Tage nach der Befreiung, übers freie Feld, kilometerweit, durch blühende Fluren einem Marktflecken in der Umgebung des Lagers zu; Lerchen steigen auf, schweben zur Höhe, und du hörst ihren Hymnus und ihren Jubel, der da droben im Freien erschallt. Weit und breit ist kein Mensch zu sehen, nichts ist um dich als die weite Erde und der Himmel und das Jubilieren der Lerchen und der freie Raum. Da unterbrichst du dein Hinschreiten in diesen freien Raum, da bleibst du stehen, blickst um dich und blickst empor – und dann sinkst du in die Knie. Du weißt in diesem Augenblick nicht viel von dir und nicht viel von der Welt, du hörst in dir nur einen Satz, und immer wieder denselben Satz: »Aus der Enge rief ich den Herrn, und er antwortete mir im freien Raum.« – Wie lange du dort gekniet hast, wie oft du diesen Satz wiederholt hast –, die Erinnerung weiß es nicht mehr zu sagen ... Aber an diesem Tage, zu jener Stunde begann dein neues Leben – das weißt du. Und Schritt für Schritt, nicht anders, trittst du ein in dieses neue Leben, wirst du wieder Mensch.

## *Die Entlastung*

Der Weg von der seelischen Hochspannung der letzten Tage des Lagerlebens, der Weg von diesem Nervenkrieg zurück zum Seelenfrieden, ist nun keineswegs ein Weg ohne alle Hindernisse. Und man ist im Irrtum, wenn man glaubt, der aus dem Konzentrationslager entlassene bzw. befreite Häftling bedürfe keiner seelischen Betreuung mehr. Fürs erste hätten wir vielmehr eines zu bedenken: einem Menschen, der durch längere Zeit unter dem ungeheuren seelischen Druck gestanden ist, den das Konzentrationslager bedeutet, einem solchen Menschen drohen naturgemäß auch nach der Befreiung, ja gerade wegen der plötzlichen Druckentlastung, die seine Befreiung darstellt, gewisse Gefahren in seelischer Beziehung. Diese Gefahren (im Sinne einer psychischen Hygiene) sind nichts anderes als sozusagen das psychologische Gegenstück zur Caisson-Krankheit. So wie der Caisson-Arbeiter in seiner leiblichen Gesundheit bedroht ist, wenn er die Taucherkammer plötzlich verließe (in der er unter abnorm hohem Luftdruck stand), genau so kann auch der vom seelischen Druck plötzlich entlastete Mensch unter Umständen in seiner seelischen Gesundheit Schaden leiden.

Vor allem konnte man bei primitiveren Naturen in dieser psychologischen Phase oft bemerken, daß sie nach wie vor in ihrer seelischen Einstellung unter der Kategorie der Macht und der Gewalt verharren; nur, daß sie nunmehr, als Befreite, selber diejenigen zu sein vermeinen, die ihre Macht, ihre Freiheit willkürlich, hemmungslos und bedenkenlos nützen dürfen. Für solche primitiven Menschen hat sich eigentlich nichts als das Vorzeichen der alten Kategorie geändert, es ist aus einem negativen ein positives geworden: aus den *Objekten* von Macht, Gewalt, Willkür und Unrecht sind die entsprechenden *Subjekte* geworden; aber sie haften eben noch an dem, was sie erlebt haben. Dies äußert sich oft in belanglos erscheinenden Kleinigkeiten. Wir gehen z.B. querfeldein, ein Kamerad und ich, dem Lager zu, aus dem wir vor kurzem befreit wurden; da steht plötzlich vor uns ein Feld mit junger Saat. Unwillkürlich weiche ich aus. Er aber packt mich beim Arm und schiebt mich mit sich mittendurch. Ich stammle etwas davon, daß man doch die junge Saat nicht niedertreten soll. Da wird er böse: in seinen Augen zuckt ein zorniger Blick auf, während er mich anschreit: »Was du nicht sagst! Und uns hat man zu wenig genommen? Mir hat man Frau und Kind vergast – abgesehen von allem andern – und du willst mir verbieten, daß ich ein paar Haferhalme zusammentrete ...« – Nur langsam kann man diese Menschen zurückfinden lassen zu der sonst doch so trivialen Wahrheit, daß niemand das Recht hat, Unrecht zu tun, auch der nicht, der Unrecht erlitten hat. Und doch müssen wir daran arbeiten, diese Menschen zu dieser Wahrheit zurückfinden zu lassen, denn die Verkehrung dieser Wahrheit könnte leicht auch schlimmere Folgen haben als den Verlust von einigen tausend Haferkörnern für einen unbekannten Bauern. Denn ich sehe noch vor mir den Kameraden aus unserem Lager, der seinen Hemdärmel aufkrempelte und mir die nackte Rechte unter die Nase hielt und mir entgegenschrie: »Diese Hand soll man mir abhauen, wenn ich sie nicht mit Blut beflecke an jenem Tag, an dem ich heimkomme ...!« Und ich will betonen: dieser Mann, der das aussprach, war an sich kein übler Kerl und war immer, im Lager und nachher, der beste Kamerad gewesen.

Neben der Deformierung, die dem vom seelischen Druck plötzlich entlasteten Menschen droht, gibt es noch zwei weitere Grunderlebnisse, die ihn charakterologisch gefährden, schädigen und deformieren können: die Verbitterung und die Enttäuschung des Menschen, der als freier in sein altes Leben zurückkehrt. – Die Verbitterung wird hervorgerufen durch so manche Erscheinungen des öffentlichen Lebens innerhalb des Rahmens, der die frühere Umwelt des aus dem Lager Entlassenen ausmacht. Wenn so ein Mensch heimkehrt und feststellen muß, daß man ihm hier oder da mit nichts besserem als Achselzucken oder billigen Phrasen gegenübertritt, dann bemächtigt sich seiner nicht selten eine Verbitterung, die ihm die Frage aufdrängt, wozu er eigentlich alles erduldet hat. Wenn er fast überall nichts anderes vorgesetzt bekommt als die üblichen Redewendungen: »wir haben von nichts gewußt ...« und »wir haben auch gelitten ...«, dann wird er sich fragen müssen, ob das wirklich alles ist, was man ihm zu sagen weiß ...

Anders liegen die Dinge beim Grunderlebnis der Enttäuschung. Hier ist es nicht der Mitmensch, über dessen Oberflächlichkeit oder Herzensträgheit man schließlich einfach so entsetzt ist, daß man sich am liebsten nur verkriechen möchte, um von der Mitwelt nichts mehr sehen und hören zu müssen ... hier, im Erlebnis der Enttäuschung, ist es das Schicksal, dem gegenüber der Mensch sich ausgeliefert fühlt; der Mensch nämlich, der nun durch Jahre geglaubt hat, den Tiefpunkt möglichen Leidens erreicht zu haben, jetzt aber feststellen muß, daß das Leid irgendwie bodenlos ist, daß es anscheinend keinen absoluten Tiefpunkt gibt: daß es mit einem immer noch tiefer, noch immer bergab gehen kann ...

Wir haben oben, bei der Besprechung der Versuche, den Menschen im Konzentrationslager seelisch aufzurichten, davon gesprochen, daß er auf einen Zielpunkt in der Zukunft hin ausgerichtet werden mußte; daß er immer wieder daran zu erinnern war, daß das Leben auf ihn warte, daß – ein Mensch auf ihn warte. Und dann? Dann gibt es eben den einen oder andern, der nun feststellen muß, daß niemand mehr auf ihn gewartet hat ...

Wehe dem, für den das, was ihn im Lager als einziges aufrecht gehalten hat, – der geliebte Mensch – nicht mehr existiert. Wehe dem, der jenen Augenblick, von dem er in tausend Träumen der Sehnsucht geträumt hat, nun wirklich erlebt, aber anders, ganz anders, als er sich ihn ausgemalt. Er steigt in die Straßenbahn ein, fährt hinaus zu jenem Haus, das er Jahre hindurch im Geist und nur im Geist vor sich gesehen hat, und drückt auf den Klingelknopf – ganz genau so, wie er es in seinen tausend

Träumen ersehnte ... Aber es öffnet nicht der Mensch, der nun öffnen sollte –, er wird ihm auch nie mehr wieder die Tür öffnen ...

Alle im Lager wußten es und sagten es einander: es gibt kein Glück auf Erden, das je wiedergutmachen könnte, was wir erleiden. Um Glück war es uns auch nie zu tun – was uns aufrecht hielt, was unserem Leiden und Opfern und Sterben Sinn geben konnte, war nicht Glück. Trotzdem: auf Unglück – darauf war man kaum gefaßt. Diese Enttäuschung, die nicht wenigen von den Befreiten in der neuen Freiheit vom Schicksal beschieden war, ist ein Erlebnis, über das diese Menschen nur schwer hinweggekommen sind und, seelenärztlich gesehen, auch sicherlich nicht leicht hinweggebracht werden können. Diese Feststellung ist aber nichts, was den Seelenarzt entmutigen dürfte – im Gegenteil: sie hat ihm Ansporn zu sein, denn sie hat Aufgabencharakter.

So oder so – einmal kommt der Tag, für jeden der Befreiten, an dem er, rückschauend auf das gesamte Erlebnis des Konzentrationslagers, eine merkwürdige Empfindung hat: er kann es nun selber nicht verstehen, wie er imstande war, all das durchzustehen, was das Lagerleben von ihm verlangt hat. Und wenn es in seinem Leben einen Tag gab – den Tag der Freiheit –, an dem ihm alles wie ein schöner Traum erschien, dann kommt einmal der Tag, an dem ihm alles, was er im Lager erlebt, nur mehr wie ein böser Traum vorkommt. Gekrönt wird aber all dieses Erleben des heimfindenden Menschen von dem köstlichen Gefühl, nach all dem Erlittenen nichts mehr auf der Welt fürchten zu müssen – außer seinen Gott.

# Synchronisation in Birkenwald

Dem toten Vater

# Synchronisation in Birkenwald

*Eine metaphysische Conférence**

*Personen:*

BENEDICTUS (BARUCH) DE SPINOZA
SOKRATES
IMMANUEL KANT
CAPO
FRANZ
KARL
FRITZ
ERNST
PAUL
MUTTER
SCHWARZER ENGEL
UNTERSCHARFÜHRER

*Ort:* *das betreffende Theater.*
*Zeit:* *die jeweilige Vorstellung.*

*Leere Bühne vor dem Zwischenvorhang. Die drei Philosophen in je ihrer zeitgenössischen Tracht, Kant auch mit Perücke.*

* Erschienen unter dem Pseudonym »Gabriel Lion« in »Der Brenner«, Siebzehnte Folge, Innsbruck 1948, S. 92–125.

SPINOZA *(während er es niederschreibt)*: Protokollführer: Benedictus de Spinoza ...

SOKRATES: Die genaue Zeit müssen Sie auch notieren.

KANT: Halt! Ich protestiere – wie meinen Sie das: die genaue Zeit? – Was verstehen Sie darunter? Mitteleuropäische? – Normalzeit? Sommerzeit? Oder was denn sonst? Ich sehe schon, meine Herren: mein transzendentaler Kritizismus droht in Vergessenheit zu geraten.

SPINOZA: Entschuldigen Sie, Herr Professor –, aber ich habe ihn nicht vergessen.

SOKRATES: Ich auch nicht – seien Sie mir, bitte, nicht böse, aber so war es von mir nicht gemeint ...

KANT: Wissen Sie überhaupt, was *ich* meine?

SOKRATES: Gewiß. Raum und Zeit sind bloß Anschauungsformen ...

KANT: Also Sie wissen es – nun, und warum halten Sie sich nicht daran?

SOKRATES: Ich bin doch der lebende Beweis dafür, daß ich mich daran halte!

KANT: Das verstehe ich nicht.

SOKRATES: Nun: ich, der ich im griechischen Altertum gelebt habe –, ich kenne Ihre Kritik der reinen Vernunft fast auswendig.

KANT: Ach, so meinen Sie das ? Nun gut: ich will Ihnen glauben.

SOKRATES: Er, Baruch Spinoza, und ich – wir sind – wie sagten wir doch seinerzeit, als wir noch unsere irdische Haut zu Markte trugen? – wir sind in der »Ewigkeit« – jetzt in der Ewigkeit –

SPINOZA: Köstliche Paradoxie!

SOKRATES: – da doch die Ewigkeit nichts ist als Gleichzeitigkeit.

KANT: Das haben Sie wohl vom Augustinus?

SOKRATES: Wer hat da schon etwas –, und von wem?

SPINOZA: Jedem von uns ging es einst um die Priorität – und nun gibt es hier bei uns weder ein Vorher noch ein Nachher, keinen Ersten und keinen Zweiten.

SOKRATES: *Wir stehen* ja in der Ewigkeit.

SPINOZA: Die *Ewigkeit* steht – mit uns.

KANT: Nun gut, das ist ja alles nichts Neues. Ich frage Sie aber nochmals: Wie kommen Sie dazu, von genauer Zeitangabe zu sprechen?

SOKRATES: Herr Professor, ich bitte Sie –, wie sollen wir das alles den Menschen nur begreiflich machen: Ewigkeit – Zeitlichkeit – Gleichzeitigkeit ... ?!

KANT: Sie haben recht ...

SPINOZA: Er hat recht, Herr Professor!

KANT: Also bitte, fahren Sie mit dem Protokoll fort, Herr Spinoza ...

SOKRATES: Herr Professor, ich bitte nunmehr ums Wort.

KANT *(ermunternde Kopfbewegung).*

SOKRATES *(erhebt sich, räuspert sich):* Meine Herren, wie soll ich es Ihnen nur sagen: Es geht einfach nicht mehr so weiter bei den Menschen. Es muß etwas geschehen! Wie heutzutage auf Erden gelebt wird, davon machen Sie sich schwer einen Begriff. Der Glaube ist fast tot – jeglicher Glaube. Man glaubt heute nicht einmal mehr der politischen Propaganda. Niemand glaubt mehr dem andern, niemand mehr sich selbst. Und, vor allem glaubt niemand mehr an eine Idee!

KANT *(halblaut):* Ideen sind nur regulativ.

SPINOZA *(halblaut):* Die Uridee ist Gott.

SOKRATES: – Streiten wir uns doch nicht um Worte – wir wollen uns nicht einmal um Begriffe streiten. Sie wissen ganz genau, was ich meine: die Sache, die große Sache – das Dasein des Menschen. Alles steht auf dem Spiel! Zwei Weltkriege haben die sogenannte Moral der Menschen vollständig ruiniert.

SPINOZA: Herr Professor, er hat nicht unrecht. Und bedenken Sie vor allem die Konsequenz. Die Masse glaubt an nichts mehr. Aber die Wenigen, die wissen, was sie tun, oder es wenigstens zu wissen glauben –, die haben freie Hand; und sie mißbrauchen die irregeleitete, irre gewordene Masse.

KANT: Schön – aber was sollen wir tun?

SOKRATES: Wir müssen den Menschen helfen. Einer muß hinuntergehen –

KANT: Sie Optimist! Wollen Sie etwa einen Weisen hinunterschicken?

SPINOZA: Er wird verhöhnt werden.

KANT: Oder gar einen Propheten – vielleicht einen Seher?

SOKRATES *(zuckt die Achsel).*

SPINOZA: Man wird ihn in eine Irrenanstalt sperren – Sie kennen die Menschen von heute schlecht. Heute – einen Propheten! Wo denken Sie hin?! Ein Prophet gilt heute als Halluzinant. – Vergessen Sie das nicht, Sokrates!

KANT: Ich sage Ihnen doch: nicht einmal einen Weisen, einen wirklichen Philosophen in Ihrem antiken, im klassischen Sinne wird man anhören. Man würde ihn einfach nicht ernst nehmen.

SPINOZA: Sokrates, glauben Sie mir – ich habe Berichte: Es wird gar nichts geglaubt. Niemandem wird etwas geglaubt; ein Philosoph wäre verloren. Einsam – mein Gott – waren wir schließlich alle einmal.

Aber der – der wäre einsam in einer Gummizelle ... Vergessen Sie doch eines nicht: das Unglaubwürdigste drunten ist heute die Wahrheit. Und wer sie ausspricht, der ist von vornherein unzeitgemäß, und seine Rede bleibt unwirksam.

SOKRATES: Was wollen Sie also tun?

KANT: Es wäre wirklich und ernstlich zu überlegen – etwas muß geschehen, das gebe ich zu. Wie aber sollen wir es anfangen? Wie sollen wir den Menschen die Wahrheit *beibringen* – wie sollen wir ihnen Appetit auf die Wahrheit machen?

SPINOZA: Wenn ich so bedenke, Herr Professor, daß unsere Vertreter drunten, die Zünftigen, die größte Mühe haben, beispielsweise – mit dem Materialismus fertig zu werden –, *glauben* Sie mir: der ist *heute* noch nicht überwunden.

KANT: Was schreiben sie denn jetzt für ein Jahr drunten?

SPINOZA: 1946, hab ich mir unlängst sagen lassen.

KANT: Skandal! Aber habt ihr auch alles getan?

SOKRATES: Wir haben hinuntergeschickt, was wir zur Verfügung hatten! Wir nahmen Einfluß auf die Besetzung von Lehrkanzeln. Und wir helfen den Verfassern der bedeutenden Bücher bei der Abfassung ihrer Werke.

KANT: Wie – Sie inspirieren sie?

SOKRATES: Jawohl.

KANT: Das sehe ich nicht gerne.

SPINOZA *(enttäuscht)*: Sokrates, ich habe Sie doch gebeten, vor Kant darüber zu schweigen. Sie wissen, er hat über die Geisterseherei und dergleichen publiziert und mag das nicht.

SOKRATES: Was tut's? Mich erbarmen die Menschen –

KANT: Ich will zugeben, daß Sie von lautersten Motiven getrieben waren.

SOKRATES: – und, wenn Sie nichts dagegen haben: ich wüßte wirklich einen Ausweg.

SPINOZA: Und der wäre?

SOKRATES: Lachen Sie mich nicht aus; aber ich habe mit Zeitgenossen gesprochen –

KANT: Landsleute von Ihnen?

SOKRATES: Jawohl.

KANT: Nun – und?

SPINOZA: Warum schämen Sie sich?

SOKRATES *(verlegen):* Es handelt sich – um altgriechische Tragödiendichter ...

KANT: Nun *und?*

SOKRATES: Sie sagen, es gibt da nur einen einzigen Weg ...

KANT: Und zwar?

SPINOZA: So sprechen Sie doch, ungeniert!

SOKRATES *(betont):* Die Kunst! – Sie sagen, nur auf dem Wege über die Kunst lassen sich diese Leute dort drunten beeinflussen.

KANT: Nicht uninteressant – keine so schlechte Idee!

SOKRATES *(auftauend):* Ich wollte, offen gestanden, zuerst darüber nicht sprechen. Aber – es gibt sonst wirklich keinen Ausweg. Das ist nun meine Überzeugung.

SPINOZA: Die Kunst gibt Phantasien, sie bringt Mythen oder Dichtungen, aber keine Wahrheit. Sollen wir sowas mitmachen?

KANT: Lächerlich, Ihr Einwand – seien Sie mir nicht böse; aber die Unwirklichkeit, die sie den Menschen vorführt, steht der Wahrheit näher als die menschlichen Wirklichkeiten.

SPINOZA: Gut; aber wir öffnen damit Tür und Tor –

SOKRATES: Die Erfahrungen der Geschichte sprechen *gegen* Ihr Bedenken, Baruch.

KANT: Sicher. Aber was anderes: Wie stellen Sie sich das Ganze praktisch vor, Sokrates? Sollen wir Theaterspielen gehen, sollen wir Theaterdichter inspirieren, oder weiß der Teufel was?

SPINOZA: Der Professor hat recht. Wir können uns doch nicht als Bühnenfiguren hinstellen und den Menschen etwas vorspielen.

SOKRATES: Anders können Sie zu ihnen nicht sprechen! Nur konkrete Gestalten wirken ...

SPINOZA: Schön; aber wir machen uns lächerlich.

KANT: Und vor allem kriegen Sie für sowas nie – *(geheimnisvoll andeutend)* die Bewilligung.

SOKRATES: Halt! Das lassen Sie nur meine Sorge sein. Es sind schon ganz andere – es sind schon Nicht-Menschen Menschen geworden, um den Menschen beizustehen ...

KANT: Nochmals: Sie bekommen nicht die Bewilligung, Sie werden sehen.

SOKRATES: Aber verstehen Sie mich doch recht, Herr Professor: ich dachte ursprünglich gar nicht an so etwas wie Theaterspielen – ich meinte bloß, man sollte den Menschen aus ihrer eigenen Wirklichkeit etwas vorführen, damit sie ihre eigene – Wahrheit aufspüren ...

SPINOZA: Er meint: ein Bild aus ihrem Leben.

KANT: Eine reale oder zumindest in der Realität mögliche, also real erscheinende Geschichte? Mit entsprechender Moral darangeknüpft?

SOKRATES: Jawohl – so beiläufig.

SPINOZA: Nicht einmal eine schlechte Idee. Aber was sollen wir dabei – was hat das mit uns zu tun und was können wir dazu tun, dabei machen?

SOKRATES: Den Kommentar geben!

KANT *(nach einiger Überlegung)*: Und wissen Sie eine passende Geschichte?

SOKRATES *(strahlend)*: Alles schon vorbereitet, Herr Professor.

KANT: Und der Kommentar?

SOKRATES: Den geben wir während der Handlung.

SPINOZA *(plötzlich wankend):* Die Menschen werden das nicht mitmachen. Wissen Sie, was sie sagen werden? Die Einheit von Raum und Zeit wird dadurch gesprengt.

KANT: Verzeihen Sie, aber das macht mich lachen: Einheit von Raum und Zeit – angesichts unserer ewigen Gegenwart doch wohl kein Problem mehr!?

SPINOZA: Und dann noch eines: sollen wir einmalig die Phantasie eines Dichters befruchten – oder sollen wir Ensuite-Aufführungen mitmachen, bei ihnen mitspielen?

SOKRATES: Viel einfacher. Wir machen Propaganda mit reinen Tatsachen: unsere Gespräche, so wie wir sie jetzt führen, werden publiziert, und zwar im Theater!

KANT: Was soll denn das nur wieder heißen?

SOKRATES: Wir lassen ganz einfach unser Protokoll auf einer Bühne auf Erden spielen.

KANT: Das bisherige und alles, was wir noch zu sagen haben werden zu dem Spiel, das Sie uns löblicherweise zeigen wollen?

SOKRATES: Jawohl, genau das meine ich. Baruch, womit hat Ihr Protokoll angefangen?

SPINOZA *(liest nach):* »Protokollführer: Benedictus de Spinoza; Sokrates: die genaue Zeit müssen Sie auch notieren; Kant: Halt! Ich protestiere« – usw. usw.

SOKRATES: Schön – dann wird all das, was bisher gesagt wurde, eben aufgeführt! *(Feierlich)* Und wir – jetzt – schalten uns einfach ein in die Aufführung von »Synchronisation in Birkenwald« auf der Bühne des ... Theaters in ...

SPINOZA: Geht nicht – dort spricht man deutsch!

SOKRATES: Na und?

KANT: Benedictus, Sie vergessen, daß wir jetzt nicht in Worten reden, sondern in Gedanken.

SOKRATES: – die Gedanken aber versteht jedes Menschenwesen. Was wir hier denken, muß jeder so verstehen, als ob es in seiner Sprache gesprochen wäre –

KANT: – denn es ist die Wahrheit.

SPINOZA: Ich verstehe ...

SOKRATES: Das Spiel kann also angehen – auf geht's!

SPINOZA *(kindlich und freudig erregt):* Vorhang!

KANT: Vergessen Sie nicht, Benedictus, wir stehen ja schon die ganze Zeit auf der Bühne – vor offenem Vorhang – man hat uns schon die ganze Zeit zugesehen und zugehört.

SOKRATES: – oder erfassen Sie noch immer nicht die Situation, Baruch?

SPINOZA *(etwas verwirrt):* Schon, schon ...

SOKRATES: Verstehen Sie denn nicht? Wir tun einfach so, als ob uns ein Bühnenautor erfunden hätte und als ob wir von Bühnenschauspielern dargestellt würden – *(belustigt)* kein Mensch wird ahnen, daß wir uns nur in die Schauspieler sozusagen hineingezaubert haben, und daß wir den angeblichen Verfasser des Stückes bloß mißbraucht haben – köstlich, wie? – Dabei ist das Publikum noch der am meisten Betrogene: wir lassen heute das Publikum spielen – nämlich die Rolle des Zuschauers. Und Sie werden sehen: sie ahnen nichts davon, daß *sie* spielen, und daß wir – wirklich sind – und das, was sich jetzt hier abspielen wird, *auch* wirklich ist!

KANT: Aber nun ernstlich, Sokrates, was planen Sie! Ich meine: was für ein Stück?

SOKRATES: Ich will den Leuten ein Bild aus der Hölle vorführen und ihnen beweisen, daß der Mensch auch noch in der Hölle Mensch bleiben kann. – Beiläufig so, wie wir auch hier im Himmel, oder was sie unten so nennen, noch Menschen geblieben sind, irgendwie – oder nicht?

KANT: Gewiß, gewiß; Gott sei Dank.

SPINOZA: Gott sei Dank!

SOKRATES *(bezüglich, zu Kant):* Und sowas nannten die – einen Atheisten ...

KANT *(lächelt, dann):* Also? Ich bin bereit, Sokrates.

SOKRATES *(nach oben rufend):* Ich bitte – den Vorhang zwischen Ewigkeit und Zeit ...!

*Der Zwischenvorhang hebt sich. Man sieht, im Halbdunkel, eine verfallene, verwahrloste Baracke in einem Konzentrationslager. Beiläufig in der Mitte ein kleiner eiserner Ofen. Während rechts das Barackenende auf der Szene nicht mehr sichtbar ist, sieht man links die Eingangstür; davor, noch weiter links, einen kleinen Platz, und im Anschluß daran, gegen die linke Begrenzung der Szene, die Stacheldraht- Umzäunung, die sich im Hintergrund rechts herum hinter der Baracke fortsetzt. Vor der vom Zuschauer aus hinteren Wand der Baracke zieht sich, ihr entlang, etwa in Kniehöhe eine Plattform aus Brettern, mit wenig Stroh belegt; auf ihr nehmen dann die Häftlinge – teils sitzend, teils liegend – Platz.*

SPINOZA: Wo sind wir?

SOKRATES: Im Konzentrationslager Birkenwald.

KANT *(mehr für sich):* Furchtbar ...

CAPO *(kommt mit einer Gruppe von Häftlingen hinter der Baracke hervor nach links und bleibt vor dem Eingang stehen;*

*kurz angebunden, in gewohnt scharfem, rauhem Befehlston):* Also hier ist Block VI, Baracke 9.

FRANZ: Rasch, Karl, daß wir einen Platz beim Ofen bekommen!

KARL *(hinkend):* Wart, ich kann nicht so schnell kommen – mein linker Fuß ...

FRANZ: Häng dich ein!

KARL *(tut es):* So – es geht schon. *(Auch die andern treten ein und verteilen sich in der Baracke, zum Teil um Platz raufend, Capo ab.)*

FRITZ *(zu Ernst):* Hast du gehört, wie der Lagerführer geflucht hat wie ein Rohrspatz, weil man uns im Lager Buchenau nur eine Decke mitgegeben hat, und weil wir so verdreckt und verlaust sind!

ERNST: Hast schon recht, alter Optimist. Glaub nur immerzu, es kam was Besseres nach.

FRITZ: Warum nicht? – du sag mir noch einmal was! Warst du nicht überzeugt, wir gehen ins Gas? Und inzwischen sind wir ja doch in ein normales Lager gekommen!

ERNST: Es ist noch nicht aller Tage Abend. Sieh zu, daß du Capo wirst und friß dich dann nur aus –, wart dann, bis es zum Schluß kommt – dann legen sie uns ja doch noch alle miteinander um, wirst schon sehen.

FRITZ: Bitte: wenn du mir's beweisen kannst, daß es so noch kommt, dann reden wir weiter. Solang du mir's nicht beweisen kannst, tu *ich* so, als ob ich *sicher* mit dem Leben davonkam.

ERNST: Ich wart nicht bis zum letzten Augenblick – die Enttäuschung war zu furchtbar –

FRITZ: Du meinst wohl, du könntest sie nicht überleben? *(lacht)*

ERNST: Du kannst wenigstens noch witzig sein.

PAUL *(laut zu allen):* Im Brotsack hab ich zwei Zigaretten gehabt! Vom letzten Prämienschein noch. Wo sind sie jetzt hin? Wer hat die schon wieder organisiert?!

FRANZ: Das ewige Organisieren! Ich hätte geglaubt, wir sind Kameraden unter uns ...

KARL: Wer wird schon stehlen – wir sind doch lauter Landsleute hier beisammen.

FRANZ: Erinnere dich nur an Otto ...

KARL: Mein Gott – der hat's auch schon gebüßt.

ERNST: Auch eine gerechte Weltordnung. – Wenn einer sich an einer Scheibe Wurst vergreift und deshalb ins Gas gehn soll ...

KANT *(nachdem die drei Philosophen zugehört und sich dabei auch unter die Häftlinge gemengt haben):* Läppische Leute, sage ich dir, Baruch. In der Ebene dieser irdischen Existenz, meinen sie, müsse die Rechnung aufgehen, zwischen Wohltun und Wohlstand, zwischen sittlichem Verdienst und Geldverdienen.

SPINOZA: Beatitudo ipse virtus – Glück selbst ist auch eine Leistung; und nur der Anständige kann wahrhaft glücklich sein.

KANT *(ungeduldig):* Ich weiß, ich weiß. Aber Sie projizieren ja erst recht alles in eine Ebene –, Sie mit Ihrem Monismus!

SOKRATES: Meine Herren, streiten wir doch nicht. Hier steht doch etwas auf dem – Spiel!

KANT: Ich bitte Sie, Sokrates, warum lernen die Menschen nichts dazu?!

SOKRATES: Gewiß. Solange sie nicht philosophische Bücher lesen, werden sie ihre philosophischen Irrtümer mit Blut und Leid und Not und Tod bezahlen müssen. Aber bedenken Sie doch nur einmal: haben *wir* unsere philosophischen *Weisheiten* nicht auch mit Blut und Leid und Not und Tod bezahlen müssen?

SPINOZA: Er hat recht, Herr Professor!

CAPO *(kommt zurück, reißt die Tür auf, brüllt in die Baracke):* Bildet euch ja nicht ein, ihr verlausten Schweinehunde, daß ihr heut noch was zum Fressen faßt: unsere Küche war nicht vorbereitet auf euch stinkende Bande. *(ab)*

ERNST: Prächtig – jetzt haben wir seit zwei Tagen nichts zu essen gekriegt, und jetzt können wir noch eine Nacht hinzuhungern, bis wir morgen das laue schwarze Wasser zu saufen bekommen.

KARL *(zu Franz):* Franzl, Franzl, ich sag dir's ja immer wieder: du hättest nicht mit mir gehen sollen.

FRANZ: Ich hab nicht sollen, ich hab einfach müssen. Du weißt es ohnehin, wie es ist.

KARL: Ja, ich kenn deine ewige Opferei. Und ich sag dir offen, sie geht mir bis daher. Zuerst hättest du nach Amerika auswandern können – aber nein: du wolltest unsere Familie nicht im Stich lassen. Und der Effekt? Um dich vor der Gestapo zu retten, hat sich die Schwester geopfert. Und am Tod der Evi ist der Vater gestorben, vor Kummer und Kränkung. Dann kam *ich* zum Handkuß. Und jetzt ist die Mutter allein. Weiß Gott, ob sie überhaupt noch lebt.

MUTTER *(klein, schlicht, mit einem Umhängtuch, traurig bekümmert, von rechts her, wo kein Zugang in die Baracke sichtbar ist, auftretend):* Da sind sie ja. *(Bleibt in der Nähe der Söhne.)*

KARL: So geht die Opferei weiter, und nichts schaut dabei heraus.

FRANZ: Sprich nicht so, Karl. Du weißt genau so gut wie ich, daß dieser Dreck, den wir Leben nennen, sinnlos wäre und nicht wert gelebt zu werden, wenn wir nicht jeden Augenblick bereit wären, ihn hinzuschmeißen für etwas anderes.

KARL: Etwas anderes – was, was?!

FRANZ: Nenn es, wie du willst. Du spürst es, du genau so wie ich –, wir wenigstens ahnen es.

KARL: Alles hat seine Grenzen. Du kannst nicht so ohne weiteres dein Leben hinhaun ...

FRANZ: Warum nicht, wenn dieses Hinhaun sinnvoll ist?

KARL: Was nennst du sinnvoll – daß wir alle hin sind zu guter Letzt?

FRANZ: Vielleicht auch das. Das Dreckleben ist jedenfalls sinnlos, wenn man sich an diesen Dreck klammert. Wer nicht bereit ist, ihn zu opfern, der vegetiert und krepiert; sein Leben ist sinnlos. Wer aber bereit ist, sein Dreckleben hinzuschmeißen, dessen Tod sogar kann noch sinnvoll sein. Das ist mein Standpunkt. Und ich würde ihn nie auszusprechen wagen, wenn – wenn wir nicht hier säßen.

KANT: Allerhand – haben Sie gehört, meine Herren?

SPINOZA: Ich trau ihnen nicht, offen gesagt.

SOKRATES: Es wird sich vielleicht noch alles bewähren.

MUTTER *(tritt zu den Philosophen, schüchtern, demütig):* Ich bitte Sie, meine Herren, seien Sie mir nicht bös, aber das sind meine beiden Söhne – sie waren das Letzte, was ich hatte. Sind sie nicht prächtig? Sind sie nicht brave Kinder? Nur dumm – ach, so dumm! Franz hätte nach Amerika gehen können, noch rechtzeitig, müssen Sie wissen. Aber er ist geblieben, bei meinem Mann und mir, ich weiß warum: er wollte uns nicht im Stich lassen – ja, das war es. Mein Mann und ich, wir haben ihn gebeten, doch zu fahren. Nein, hat er gesagt, ich bleib hier, mir geht es hier gar nicht schlecht. Verstehen Sie? Er wollte uns nicht wissen lassen, daß er nur unserthalben geblieben ist.

KANT *(begütigend):* Wir haben soeben festgestellt, daß Ihr Sohn Franz sehr gescheit ist, liebe Frau.

SPINOZA: Ein wirklich guter Mensch.

SOKRATES: Seien Sie getrost, liebe Frau. Wir werden uns um Ihre Söhne schon kümmern.

MUTTER *(verneigt sich wiederholt):* Ich danke Ihnen sehr, meine Herren – mit wem hab ich die Ehre?

KANT: Liebe Frau, Sie wissen – aber vergessen –: wir nennen nicht gern Namen.

MUTTER: Verzeihen Sie, verzeihen Sie. Ich dachte nur – ich möchte nämlich – ich hätte gern gewußt, ob Sie vielleicht für mich ein Wörtl einlegen könnten.

SPINOZA: Was – wofür – bei wem denn?

MUTTER: Ich hab nämlich solche Sehnsucht nach meinen beiden Jungen – und hier leiden sie so viel, ich weiß, ich seh – und da dachte ich, ich mache eine Eingabe, daß man sie zu mir gibt.

KANT: Das wird sich nicht machen lassen, liebe Frau.

SPINOZA *(leise zu Kant):* Sollte man es nicht doch auf einen Versuch ankommen lassen, Herr Professor?

SOKRATES: Lieber nicht, Baruch. Mischen wir uns nicht drein. Aber etwas anderes *(zur Mutter):* Stehen Sie Ihren Söhnen bei – und wir versprechen Ihnen, auch wir werden unser möglichstes tun.

MUTTER *(gerührt):* Ich danke Ihnen, meine Herren, vielen Dank! Vergelt's Gott. Und, glauben Sie mir, sie sind es wert! Sehen Sie: da *(kramt unbeholfen Briefe und kleine*

*Pakete aus einer Handtasche heraus)* – das alles hab ich von ihnen bekommen.

SPINOZA: Wieso – die da dürfen doch gar nicht schreiben, oder gar Pakete schicken, aus dem Lager heraus?

KANT: Was ist es denn?

SOKRATES *(sieht näher zu)*: O – verstehen Sie denn noch immer nicht? Das sind Gedanken, welche die beiden Söhne an ihre Mutter gerichtet haben. Und Gebete, die sie für die Mutter gebetet haben. Das nenne ich Gaben, Geschenke ...

MUTTER *(stolz)*: Ja – nicht wahr? Schöne Geschenke. So viel Briefe, fast täglich einen, und hie und da auch ein Packerl ... Kann ich nicht stolz sein auf sie? Und sind sie nicht wert, daß man sich um sie sorgt und kümmert?

KANT: Sie haben recht.

SPINOZA: Sicher!

SOKRATES *(gibt der Mutter ergriffen die Sachen zurück).*

KANT *(zu den Philosophen)*: Ach, wüßten doch die Menschen, daß alles seine Bedeutung hat, und daß die Bedeutung mehr ist als das, dem sie zukommt ...

SPINOZA: Meister, stellen Sie sich vor, was die Menschen dazu sagen würden, wenn sie das wüßten – wie erstaunt sie da wären! Wie erstaunt wären etwa die Philosophieprofessoren, wenn sie nur erführen, daß jede Arbeit, in der sie sich auf Sie, Herr Professor, beziehen, augenblicklich –

SOKRATES: Sie meinen wohl: ewiglich?

SPINOZA: – ja: ewiglich, auf Ihren hiesigen ewigen Schreibtisch geflattert kommt – als Sonderdruck.

SOKRATES: Und wie erstaunt wären erst die Philosophen, wenn sie wüßten, daß ihre ungedruckten, noch unausgesprochenen, ihre kaum gedachten großen Gedanken, sofern es nur wirklich große Gedanken sind, längst hier publiziert aufliegen und nur darauf warten, bis ihr verkrachter Autor von unten heraufkommt, um sie in Empfang zu nehmen.

KANT: Aber warum denken Sie immer nur an unsere Zunft? Warum nicht auch an andere, an Künstler – an Musiker? Oder können Sie sich nicht mehr erinnern an jenen – ewigen – Augenblick, in dem Schubert zu uns stieß und mit Tränen in den Augen die Partitur seiner h-moll-Symphonie ausgehändigt bekam – nunmehr als »vollendete« …

SOKRATES: Können Sie sich erinnern, Meister, was die Heerscharen damals aufgeführt haben? Das war ein Lobsingen ohne Ende.

SPINOZA: Und zwischendurch immer Motive aus der h-moll.

KANT: Ja, ja, wüßten die Menschen …

KARL: – ob sie noch lebt, die Mutter?

FRANZ *(halblaut):* Mutter, lebst du noch, Mutter, lebst du noch? Sag, Mutter: lebst du noch?

KARL: Woran denkst du? Warum sprichst du nicht?

Was bist du so still, Franz?

FRANZ *(noch immer leise, grüblerisch):* Mutter, lebst du noch? Sag, Mutter: lebst du noch?

KARL *(ungeduldig):* So sprich doch, Franz!

MUTTER *(immer näher):* Ich kann dir's nicht sagen, Franzerl. Ich darf dir's nicht sagen. Aber was tut's denn zur Sache –! Ob ich lebe oder nicht? *(Eindringlich)* Bin ich denn nicht bei dir – so oder so? Sowieso bei dir?

FRANZ *(an ihr vorbeiredend):* Mutter, sag, lebst du noch?

KARL: So sprich doch nun endlich einmal ein Wort zu mir – du machst mir ja direkt Angst! Sag, spinnst du?

FRANZ *(aufschreckend):* Was sagst du? Nein – ich hab nur an etwas gedacht. Lassen wir das.

MUTTER *(zu den Philosophen):* Haben Sie gehört? Er denkt an mich! Fortwährend denkt er an mich.

SPINOZA: Ja.

MUTTER: Aber er zweifelt – was soll ich nur tun, was kann ich tun, daß er nicht so gequält ist von Zweifeln?

KANT: Nichts können Sie tun, liebe Frau. Warten Sie ab – und lassen Sie ihn warten …

MUTTER: Aber ich möchte ihm so gern helfen …

SOKRATES: Sie können gar nichts tun für ihn.

MUTTER: Die beiden haben doch solchen Hunger.

SCHWARZER ENGEL *(kommt, wie vorher die Mutter, von rechts her; zu den Philosophen):* So ein Pech. Das muß *mir* passieren!

KANT: Was gibt's denn?

SOKRATES: Was ist denn los, schon wieder?

SPINOZA: Bei euch ist immer was los.

ENGEL: Ich muß hinab – ich muß hin zu ihnen.

KANT: Wozu denn nur?

ENGEL: Die Frau da hat eine Eingabe gemacht. Sie will ihre Söhne bei sich haben.

SPINOZA: Und?

ENGEL: Ich muß hin zu ihnen; sie prüfen.

KANT: So, wie Sie gehen und stehen?

ENGEL: Ach, was denn …

SOKRATES: Was denn: in Verkleidung, inkognito?

ENGEL: Natürlich.

SPINOZA: Und zwar – als was? Als wer?

ENGEL: Als SS-Mann – ausgerechnet.

KANT: Lustig!

ENGEL: Nicht für mich. Mir muß das passieren: als SS-Mann …

SPINOZA: Was soll denn dabei nur herauskommen?

SOKRATES: Sie haben doch gehört, Baruch: Prüfen soll er sie gehen.

ENGEL: Ich muß sie quälen – bis aufs Blut quälen. Dann wird man sehen, was an ihnen ist. *(Verschwindet nach rechts; im selben Augenblick kommt links hinter der Baracke hervor ein SS-Mann.)*

UNTERSCHARFÜHRER *(reißt die Tür auf).*

PAUL *(strammstehend):* Achtung!! Herr Unterscharführer, Häftling 97.126 meldet: 16 Häftlinge aus dem neuen Transport in Block 6, Baracke 9 untergebracht.

UNTERSCHARFÜHRER: Nr. 118.103!

KARL *(springt auf):* Hier!

UNTERSCHARFÜHRER: Raus, du Schweinehund!

KARL *(eilig, leise):* Servus, Franzl. Nicht nachgeben! *(Ab mit dem SS-Mann.)*

MUTTER *(erschrocken, zu den Philosophen):* Was haben sie vor mit ihm?

KANT: Fürchten Sie sich nicht, liebe Frau, *(betont)* es ist zu seinem Besten.

MUTTER *(besorgt):* Er wird ihn verhören, er will etwas von ihm herausbekommen. Man wird ihn quälen, meinen Karl!

SPINOZA: Haben Sie denn nicht gesehen, es war ein Engel vorhin hier – Ihr Sohn wird nur geprüft.

MUTTER *(gequält):* Wozu geprüft, ich stehe doch ein für ihn!

SOKRATES: Sie sind nicht maßgebend – wir alle sind es nicht.

MUTTER: Sie meinen wirklich, es ist zu seinem Besten?

KANT: Ja. Sie werden ihn so vielleicht früher bei sich haben.

MUTTER: Aber es wird ihm wehtun.

SPINOZA: Was ist schon Schmerz ...

SOKRATES: – verstehen Sie denn nicht?

MUTTER: Das dürfen Sie sagen, unter sich. Aber das dürfen Sie keiner Mutter sagen, meine Herren.
Nicht einer Mutter ... *(setzt sich betrübt zu Franz).*

FRANZ *(halblaut):* Mutter, hilf ihm! Mutter, steh ihm bei!

MUTTER: Er ist in besten Händen, mein Kind; sorg dich nicht.

FRANZ *(unverwandt):* Mutter, steh ihm bei!

PAUL *(setzt sich auf die andere Seite neben Franz):* Was bist du so schweigsam?

FRANZ *(aufschreckend):* Was willst du denn?

PAUL *(neugierig):* Was ist los mit deinem Bruder? Vielleicht der Schwindel mit der Transportliste?

FRANZ: Wahrscheinlich.

PAUL: Habt ihr das nötig gehabt? Einen falschen Namen und eine falsche Häftlingsnummer annehmen – Kleinigkeit, was dabei herauskommen kann.

FRANZ: Wir wollten halt beisammen bleiben. Und der kleine Tscheche wollte so gern in Buchenau bleiben – er hat Beziehungen zum Lagerältesten dort – der bringt ihm jeden Abend eine Schüssel Extrasuppe – das bedeutet seine tägliche Lebensrettung – solang er im alten Lager bleibt.

PAUL: Und – wie ist das? Er hätte beim Transport mitsollen?

FRANZ: Ja. Und er hat dem Karl vorgeschlagen, Nummer und Namen zu tauschen. So konnten wir beide beisammen bleiben – und der kleine Tscheche bei seinem Lagerältesten und bei seinen Suppen.

PAUL: Da kann noch was Schönes herauskommen.

FRANZ: Der Lagerälteste drüben hat ja davon gewußt und war damit einverstanden.

PAUL: Na und? – Wenn dein Bruder den auch preisgibt, steckt ihr alle vier in der Scheiße.

FRANZ: Mich schreckt nichts.

PAUL: Tu nicht so erhaben – warum? Wartet niemand auf dich zuhaus?

FRANZ *(wieder versunken)*: Mutter, lebst du noch?

MUTTER: Ich bin bei dir, mein Kind, ich bin bei dir – glaub doch nun endlich!

FRANZ *(vor sich hin)*: Mutter! Wenn ich nur wüßte, ob sie noch lebt.

PAUL: Was grübelst du, stiller Narr? Kopf hoch – wir werden ja sehen.

FRANZ: Ja, wir werden sehen.

UNTERSCHARFÜHRER *(bringt Karl wieder zurück, stößt ihn in die Baracke)*: So, du Arschgesicht. Jetzt kannst du weiter darüber nachdenken, ob du der oder jener bist. In fünf Minuten bin ich wieder da und hol mir diesen Vogel wieder ab – dann werden wir sehen, ob er das Zwitschern gelernt hat inzwischen *(ab)*.

SPINOZA: Köstlich – haben Sie ihn gesehen, meine Herren, er benimmt sich hundertprozentig wie ein SS-Mann.

KANT: *Ist* er auch.

SPINOZA: Es ist doch der Engel!

KANT: Ja – aber sobald und solang er als SS-Mann eingekleidet ist, hat er selber keine Ahnung davon.

SPINOZA: Verstehe ich nicht – *(naiv)* der SS-Mann muß doch merken, daß er plötzlich dasteht, wie ... vom Himmel gefallen: ohne Vergangenheit, ohne eigenes Schicksal – das muß ihm doch auffallen, schließlich und endlich!

KANT: O du meine liebe Einfalt – Benedictus, vergiß dich doch nicht so! *(Ungeduldig belehrend)* Von uns aus wird er delegiert – von denen aus gesehen ist er natürlich schon längst unten, schon seit soundso viel Jahren, und hat seine Vergangenheit und sein Schicksal, seine Eltern und Großeltern, seine Frau und seine Kinder ...

SOKRATES: Wir stehen doch nicht auf einer Ebene mit denen dort, weder räumlich noch zeitlich. Das ist doch nur ein Trick von uns, daß wir uns mit ihnen abgeben – ein Trick für diese Theatervorstellung!

SPINOZA: Aber ihr habt doch gesagt, alles sei wirklich, wirklicher als wirklich: es sei wahr – und nicht bloßes Theater?

KANT: Alles ist Theater – und nichts ist Theater. Wir sind Figuren, da wie dort. Das eine Mal auf einem Bühnenhintergrund, das andere Mal auf einem transzendentalen Hintergrund. Gespielt wird auf jeden Fall.

SOKRATES: Wir wissen nur kaum, *was* wir spielen. Nicht einmal, was *wir* spielen. Wir kennen nur ungenau unsere Rolle. Wir sind froh, wenn wir den Text ahnen, den wir zu sprechen haben.

KANT: Und achten, soweit es geht, auf den Souffleur: die Stimme des Gewissens.

MUTTER *(inzwischen hinzugetreten, hat den letzten Teil der Debatte angehört; in aller Naivität):* Und vor wem spielen wir, meine Herren? Bitte, sagen Sie mir's!

SPINOZA: Vor einem einfältigen Theaterpublikum – das so einfältig ist, daß es denkt, wir *spielen.*

SOKRATES: Inzwischen spielen *sie:* sie spielen die Zuschauer.

KANT: Ja – die spielen immer. Spielen einander ihre Rollen vor, und vor sich selber spielen sie auch.

MUTTER *(treuherzig):* Aber vor wem spielen wir alle? Es muß doch etwas geben – es muß doch einen geben, der uns zusieht, irgendwo ...

KANT: Stehen Sie das erste Mal auf einer Bühne, liebe Frau?

MUTTER: Ja, mein Herr.

KANT: Dann sagen Sie mir einmal, was Sie da sehen – hier *(weist in den Zuschauerraum).*

MUTTER *(blinzelnd):* Ich sehe nichts, die Lampen blenden mich – ich sehe ein großes schwarzes Loch.

KANT: Und wenn ich Ihnen sage: es gibt doch Zuschauer –?

MUTTER *(blickt ihn vertrauensvoll an):* Dann muß ich's wohl glauben.

KANT: Ja – *(bestimmt)* Sie müssen es glauben; denn wissen können wir es nicht. Wir kennen ihn alle mitsammen nicht, den großen Zuschauer unserer Lebensspiele. Er sitzt im Dunkel, da wo *(weisende Geste)* in irgendeiner Loge. Aber er sieht uns zu, unverwandt – glauben Sie mir, liebe Frau.

SPINOZA: Glauben Sie ihm!

SOKRATES: Glauben Sie uns!

MUTTER *(fest):* Ja – ich glaube ...

FRANZ: Und was willst du tun?

KARL *(hat inzwischen Franz berichtet):* Ich werde selbstverständlich schweigen.

FRANZ: Dann kannst du mir gleich Adieu sagen, für immer.

KARL *(zärtlich):* Du Hund von einem Bruder – was denn soll ich tun? Warum – ich darf mich kein einziges Mal zu deinem Standpunkt bekennen? Nun – heute will ich opfern. Heut will ich mein Leben sinnvoll machen – nach deiner Theorie – und heut hol ich mir den sinnvollen Tod!

FRANZ: Sprich nicht so, Karl, es tut weh.

KARL *(immer hitziger):* Seit wann ist das ein Argument? Du Hund von einem Bruder. *(Schlingt den Arm um seine Schulter)* Hast mir doch selber immer wieder gepredigt: Das Leiden gehört dazu zum Leben – auch das Leiden hat Sinn.

FRANZ: Es ist auch so. Aber wenn man dann drinnen steht, und es leisten soll – wenn man sich bewähren soll –

KARL: – dann erst wird es wahr. Nicht solang man redet, erst sobald man es bewährt, dann erst hat man es wahr »gemacht«. Hab ich noch zu wenig gelernt von dir?

FRANZ: Karl, du lieber!

KARL: Du alter Hund von einem Bruder ...

UNTERSCHARFÜHRER *(kommt wieder, von links).*

PAUL: Achtung!

UNTERSCHARFÜHRER: Raus mit dir, du Dreckschwein – wo ist es hin?

KARL: Hier bin ich. *(Zu Franz, leiser)* Ich werde es bewähren – ich werde mich bewähren – ich werde sie bestehen, die Prüfung!

FRANZ *(läßt wortlos seine Hand entgleiten).*

UNTERSCHARFÜHRER (mit Karl ab).

MUTTER *(zu den Philosophen, ängstlich besorgt):* Jetzt wird er geprüft, meine Herren?

KANT: Jawohl – jetzt wird er geprüft.

PAUL *(langsam zu Franz):* Jetzt ist es soweit, gelt?

FRANZ: Ja; aber er wird sie bestehen, die Prüfung, er hat es ja gesagt – er hat es sich versprochen.

PAUL: Er ist ein feiner Kerl – alles in allem. Auf den kannst du stolz sein, das nenne ich einen Bruder.

FRANZ: Er ist ganz anders als ich – ich rede – er handelt ...

SPINOZA *(erregt, nach rechts in die Ferne blickend):* Sehen Sie, Herr Professor – er haut ihn nieder.

KANT: Ich sehe schlecht – wer, der Engel?

SOKRATES: Ja, der Engel.

SPINOZA: Der Junge liegt auf dem Boden – er blutet schon.

SOKRATES: Aber er spricht nicht!

KANT: Wie? – Er sagt nicht aus? Trotz der Schläge nicht?

SOKRATES: Nein – er schweigt, er bleibt standhaft.

SPINOZA *(aufgewühlt):* Sehen Sie – er leidet. Er muß furchtbar leiden – könnte ich ihm doch helfen! – Ach, was bin ich! – Geschrieben hab ich – aber es wird nicht gelesen, und es wird nicht verstanden. Was hab ich ihnen nicht alles zugerufen, den Menschen! Affectus desinit esse passio ... das Leben hört auf, Leiden zu sein ... aber sie haben nicht gehört, wie sie es anstellen müssen, die Menschen.

KANT *(aufgeregt):* Er soll nur standhaft bleiben – könnt ich ihm doch meinen kategorischen Imperativ zurufen: Mensch, handle so, als ob ...

SOKRATES *(wehmütig):* Er versteht euch nicht. *(Betont)* Ihr müßtet auf menschlich sprechen, nicht auf philosophisch.

SPINOZA: Was heißt: auf menschlich? Man übersetzt uns ja alle paar Jahre in alle möglichen Sprachen!

SOKRATES: Er kann uns ja gar nicht hören. Überhaupt – was wollen Sie denn? Niemand versteht uns – – außer er kommt von selber drauf. Keiner versteht, was wir sagen oder schreiben, ehe er nicht selbständig denkt, bevor er es nicht selber entdeckt und sich selber erweckt. Ist es uns anders ergangen? Wir haben doch auch erst tun müssen, was wir dachten. Solang wir es nicht taten, waren wir nicht dahinter und wirkten wir nicht. Ich wenigstens, für meine Person: wirksam wurde ich erst – nicht durch meine Reden – – wirksam wurde ich erst durch mein Sterben ...

SPINOZA: Schauen Sie hin – er spricht noch immer nicht – aber er verliert das Bewußtsein.

KANT *(lebhaft):* Meine Herren, das ist ein Fall für mein Seminar, den muß ich demonstrieren!

SPINOZA: Welches Seminar?

KANT: Ich habe die Selbstmörder zugewiesen bekommen. Ich soll ihnen einen Kurs halten – über den Sinn des Daseins.

SPINOZA: Und was geschieht nachher mit den Selbstmördern – wenn sie den Kurs absolviert haben?

KANT: Dann werden sie wieder zu Transporten zusammengestellt.

SPINOZA: Was heißt Transporten?

KANT: Nun: ins KL. SP. E. – wie sich diese armen Teufel in ihrem Galgenhumor selber auszudrücken belieben.

SPINOZA: Sie meinen diese Ungeborenen – wieder zu Gebärenden?

KANT: Ja.

SPINOZA: Und was meinen die mit Transporten ins KL. SP. E.?

KANT: Konzentrationslager Sonnenplanet Erde.

SPINOZA: Wirklich arme Teufel, die nochmals dort hinunter müssen.

KANT: Sie sollten sehen, wie sie sich zu drücken versuchen, sobald so ein Transport zusammengestellt wird. Nicht einmal der Engel war begeistert von seiner Mission *(lacht).* Aber was sein muß, muß sein; und was werden muß, muß werden und neu geboren werden.

SOKRATES: Und was wollen Sie jetzt tun?

KANT: Ich lasse die Szene aufnehmen und übertragen.

SPINOZA: Sie wollen sie im Seminar vorführen?

KANT: Ja – aber ich muß noch warten. Erst muß er wirklich und endgültig die Prüfung bestanden haben.

SOKRATES: Sehen Sie doch nur hin – er rührt sich nicht mehr.

SPINOZA: Und der SS-Mann tritt ihn mit den Stiefeln.

KANT: Wenn der erst erfährt, was er tun mußte, dieser arme Kerl von einem Engel ...

SPINOZA: Der Junge wird es nicht durchstehen – Sie werden

sehen, er sagt noch aus, zu guter Letzt. Er wird die Namen preisgeben. Wetten wir, Herr Professor?

KANT: Ich wette nicht, aber ich behalte recht. Sehen Sie doch nur selber, wie er kämpft – wie er mit sich kämpft – nicht mehr lange aber: der letzte Gang ist da. Sehen Sie – ist der Junge nicht prächtig? Hart im Nehmen, pflegen die Boxer zu sagen.

SOKRATES *(aufschreiend):* Da – – *(leise)* jetzt ist es aus. Der Junge ist tot.

KANT *(triumphierend):* Bestanden, Baruch!

SPINOZA: Sie haben wirklich recht behalten. Ein Fall für Sie.

KANT *(geschäftig):* Ich brauche ihn dringend. Mir geht das Material ohnedies schon aus im Seminar. Niemand glaubt mir mehr, daß der Mensch stärker sein kann als die Natur, seine eigene Natur inbegriffen. Man nennt mich allgemein einen Idealisten, ja sogar den Begründer des Idealismus. Ich bin Realist, meine Herren, glauben Sie mir – Sie haben es eben gesehen.

SOKRATES: Wir sind schließlich alle einer Meinung. Wären es nur auch die Menschen!

SPINOZA: Hielte sich nur jeder selbst für gut – er würde es dann auch *werden.* Aber man erwartet sich nichts von einem – weder von den andern noch von sich. Und so fordert man auch nichts von sich selbst.

SCHWARZER ENGEL *(von rechts):* Jetzt bin ich fertig. So etwas! *(Jammernd)* Mir muß das passieren!

SPINOZA *(naiv):* Wo ist der SS-Mann geblieben?

ENGEL: Wen meinen Sie?

SOKRATES *(ungeduldig, entschuldigend):* Er meint Ihre irdische Hülle.

KANT: Der lebt sein Leben weiter, Baruch – in der irdischen

Zeit muß er noch bis an sein Ende existieren; bis an den Tag, an dem ihn sein gerechtes Schicksal ereilt – am Tage der Sühne ...

ENGEL: Ich muß ja auch gleich wieder gehen – in ihn gehen. Ich wollte Sie nur fragen: Was sagen Sie dazu? Allerhand von einem Jungen, was? *(Ab nach rechts.)*

KANT: Wirklich allerhand.

SOKRATES: Da ist er ja.

SPINOZA: Der Tote?

KANT: Freilich.

MUTTER: Karli!

KARL: Mutter! *(Umarmung.)*

MUTTER: Komm zum Franzl. *(Stellen sich zu ihm.)*

FRANZ *(zu Paul):* Er kommt nicht wieder, wirst sehen.

PAUL: Fast glaub ich's selber schon.

FRANZ: Vielleicht bin ich jetzt schon ganz allein auf der Welt ...

MUTTER: Wir sind doch bei dir, Franzerl.

KARL: Jetzt sind wir beide bei dir, Franzl.

FRANZ: Weiß der Himmel ...

PAUL: Und der Hunger noch dazu.

FRANZ: Komm, ich hab ein Stückchen Salz da *(greift in die Tasche)* – lutsch daran!

PAUL: Dank dir. Aber der Durst dann?

FRANZ: Durst – Hunger, Hunger – Durst: wenigstens ist für Abwechslung gesorgt, nicht?

PAUL: Du hast recht – gib her *(lutscht).* Ein Prachtkerl, dein Bruder. Er geht mir nicht aus dem Kopf.

FRANZ: Und gerade er – warum denn nur er? Warum wieder der Falsche – Herrgott, du weißt es, daß ich der Schlechtere bin!

PAUL: Red keinen Blödsinn zusammen – du bist einer unserer Besten, der beste Kamerad, den ich hier hab.

FRANZ: Du weißt nicht alles von mir – du kennst mich zu wenig.

PAUL: Also schön – du bist ein Mörder?

FRANZ: Auch das – du wirst lachen!

PAUL: Das Unglück läßt dich überschnappen, mir scheint's?

FRANZ: Hast du den Felix gekannt, drüben im Lager Buchenau?

PAUL: Ja – und?

FRANZ: Kennst du den Mantel, den ich anhabe?

PAUL: Mir scheint, es ist seiner?

FRANZ: Jawohl: Ich hab ihm den Mantel abgekauft – für eine Brotration.

PAUL: Den hätte man ihm ja ohnehin weggenommen – er ist doch ins Krankenlager gegangen?

FRANZ: Wahrscheinlich hätte man ihm den Mantel weggenommen, und die Schuhe. Aber was ist hier schon sicher? Vielleicht hätte er ihn zufällig behalten dürfen – und dann hätte er ihm das Leben gerettet, vielleicht ...

PAUL: Glaub mir, der Transport damals ging ins Gas. Lauter Muselmänner darunter – keiner war mehr arbeitsfähig.

FRANZ *(hartnäckig):* Jedenfalls hab ich seinen Hunger ausgenützt – und das abgesparte, aufgehobene Stück Brot auch; und *wenn* der Transport nicht ins Gas ging, und *wenn* der Felix sich erholt hätte, dann wäre er erfroren – mein Mantel war ja ganz dünn, ohne Futter.

PAUL: Wenn ... Wenn ... Wenn das Wörtchen Wenn nicht wär, wär ich ein Millionär ... Und du bist ein Mörder, genauso wie ich ein Millionär bin.

FRANZ: So darf man nicht sprechen. Und so darf man nicht handeln, wie ich es getan hab, denn nicht der Erfolg entscheidet ...

KANT: Irgendwie hat er natürlich recht.

SPINOZA: Ich hätte es auch nicht getan, was er getan hat.

SOKRATES: Was wollen Sie? Er sieht es wenigstens ein.

SPINOZA: Zu spät.

KANT: Er wird es auch sicher nicht wiedertun.

PAUL: Niemand von uns ist ein Engel.

FRANZ: Aber wir haben uns immer zu entscheiden, immer aufs neue, in jedem Augenblick. Denn es ist auch niemand von uns von vornherein ein Teufel – auch niemand von der SS, glaub mir.

PAUL: Jetzt verblödest du aber ganz. Der Hund, der deinen Bruder jetzt vielleicht auf dem Gewissen hat, auch der soll etwa kein Teufel sein?

FRANZ: Nein, vielleicht nicht ...

SPINOZA: Er ist nahe daran – wetten wir, er errät es noch – er durchschaut unser Spiel!

KANT: Den Engel durchschaut niemand.

SOKRATES: Als ich unten schon längst fertig war, hat mir einmal ein alter Jude von einem alten jüdischen Mythos erzählt: Der Bestand der Welt ist abhängig davon, daß immer sechsunddreißig vollkommen gerechte Menschen auf Erden leben. Aber niemand kann wissen, wer ein solcher Gerechter ist. Merkt man es aber, und erfährt man es, dann wird der betreffende Gerechte augenblicklich abberufen und verschwindet sofort.

SPINOZA: Ich kenn ihn, diesen Mythos.

KANT: Was wollen Sie: was immer wir sagen, wir haben unsere Vorgänger.

SOKRATES: Hätten wir sie nicht, es spräche gegen uns!

ERNST *(war inzwischen vor und hinter der Baracke, kommt jetzt herein; mit Galgenhumor):* Meine Form! Seit einer halben Stunde steh ich draußen und versuch mit allen möglichen Tricks eine Kartoffel hinter dem Stacheldraht hervorzuangeln; endlich habe ich sie erwischt – wem darf ich sie offerieren?

PAUL: Gib her, blöder Hund! Der Franzl verhungert mir ohnedies schon unter den Händen.

ERNST *(mit komischer Geste):* Mahlzeit! Es ist ein Stein gewesen. Stopf dem Mörder deines Bruders damit das Maul, Franz!

PAUL: Laß ihn in Ruh, sag ich dir!

FRANZ *(nachdenklich):* In Ruh ... Der Karl hat wohl schon seine Ruh – ich noch nicht, noch lange nicht. – Ich werde sie auch nicht finden, bevor ...

PAUL: Dummkopf – laß dir lieber deine blöden Gedanken ausreden.

FRANZ: Was weißt denn du? Ich bin Dreck, nichts als Dreck.

PAUL: Du hast dich für deine Leute genug geopfert – ich weiß, ich hab's gehört.

FRANZ: Ich *wollte* ... o ja, ich wollte. Ich wollte verschiedenes. Einmal, ja; da hab ich geträumt – von den Häftlingen in den Lagern, und daß mich jemand, irgend etwas, fragt, ob ich nicht hinwill, freiwillig, um ihnen zu helfen. Und, weiß Gott, ich hab noch nie in meinem Leben so viel Glück empfunden, wie damals im Traum, als ich »ja« sagte. Und hinging, hinter die kilometerlangen Stacheldrähte, und mit den Häftlingen beisammen war, in den Lagern – so wie dieses eines ist. Und Monate später, als ich wirklich dorthin kam, als ich dort war – hier war – da versagte ich! Ich bin ein elender Schwächling, nicht um ein Jota besser als die andern, die Capos, die SS.

PAUL: Wer könnte sagen, er ist besser? Wer kann sagen, er sei schlechter?

FRANZ: Schau: meine Schwester war zum Beispiel gleich anders. Man hat ihr die Chance gegeben, aus dem Gefängnis zu verschwinden – sie hätte nur einen Bluthusten simulieren müssen. Sie hat sich schon in den Arm gestochen – sie hat schon ins Taschentuch gespuckt und das Blut hineingewischt – sie hat schon die Rasselgeräusche gelernt – und dann hat sie es doch nicht getan. Sie *kann* einfach nicht, so etwas ... hat sie gesagt.

PAUL: Blödsinniges Frauenzimmer, sag *ich*.

FRANZ: Das darf man nicht so ohne weiteres sagen. Das ist alles nicht so einfach.

SPINOZA: Was sagen *Sie* dazu, Herr Professor?

KANT: Provozieren Sie nicht meinen Rigorismus. Er hat ohnehin schon viel böses Blut gemacht unter den Leuten.

SOKRATES: Der Junge hat ja recht. Es ist alles nicht so einfach.

FRANZ: Aber auch ich will's nicht aufgeben. Noch nicht. Jetzt träum ich wieder, im Lager. Von was anderem. Davon, was ich *dann* machen werde, draußen – wenn's einmal so weit ist.

PAUL: Und was hast du vor, wenn man fragen darf?

FRANZ: Ich werd mir ein Auto anschaffen ...

PAUL: Ja – davon träum ich auch.

FRANZ: – und mit dem fahr ich gleich in den ersten Tagen, sobald ich nach Haus komm, die ganze Zeit herum, Straße auf, Straße ab – laut Liste.

PAUL: Was soll denn das schon wieder heißen?

FRANZ: Ja: Ich hab mir im Geist schon längst eine Liste angefertigt. Drauf stehen die Namen von Leuten, denen es dann an den Kragen gehen könnte, im ersten Moment, im Überschwang des Hasses. Ich seh ihn voraus, den Haß. Und man wird sich auch an denen vergreifen, von denen man nicht wissen wird, was sie insgeheim Gutes getan haben. Ich hab eine ganze Liste parat von Leuten, die in den Uniformen stecken, jetzt noch, in den Uniformen, die wir so hassen. Aber unter dieser Uniform haben sie sich ein Herz bewahrt. Glaub mir, der eine oder der andere ist Mensch geblieben, trotz allem, und tut was er kann – nur wissen wenige davon. Die wenigen aber, sag ich dir, haben dann die Pflicht, um diese Menschen sich zu kümmern. Eine weiße Liste, das ist es: eine weiße Liste halt ich bereit – und zu diesen Leuten muß ich dann rasch hin, um ihnen zu helfen, um sie zu retten.

PAUL: Du bist ein Narr, ein gemeingefährlicher Narr. Ich bin ehrlich entsetzt über dich. Weißt du, was du bist? Ein Verräter bist du, ja, ein Verräter!

FRANZ *(milde lächelnd):* Ein Verräter – an wem, an was?

PAUL: An uns, an uns allen, die wir hier leiden müssen – leiden müssen, eben wegen der Leute, denen du noch helfen willst.

FRANZ: Ich bin kein Verräter – ich verrate niemand und nichts. Vor allem eines nicht: die Menschlichkeit.

PAUL: Das nennst du Menschlichkeit? Das Gesindel, die Verbrecher – ungestraft ihrem gerechten Schicksal entgehen lassen?

FRANZ: Gerechtes Schicksal ... Was nennst du gerecht? Daß man Haß mit Haß beantwortet – Unrecht mit Unrecht? Wenn wir dasselbe tun, was die andern getan haben? Wenn wir die so behandeln, wie sie uns behandelt haben? Das ist keine Gerechtigkeit. Damit wird das Unrecht nur verewigt.

PAUL: Aug um Aug, Zahn um Zahn ... das vergißt du.

FRANZ: Komm mir nur nicht mit der Bibel! Du könntest sie leicht mißverstanden haben. Und wer weiß, ob du sie wirklich kennst. Oder soll ich dich prüfen? Dann sag mir einmal: Wozu hat der Herrgott dem Kain, dem ersten Mörder unter den Menschen, das Kainszeichen aufgedrückt?

PAUL: Klar – damit man ihn erkennt, den Mörder, den Verbrecher, und vor ihm gewarnt ist und sich entsprechend verhält ...

FRANZ: Falsch! Sondern das Kainsmal sollte dazu dienen, daß Kain nichts geschieht, daß die Menschen ihm nichts tun, ihn nicht mehr weiter strafen, nachdem er vom Herrgott bestraft worden war, und damit sie ihn in Ruhe lassen. Geht dir jetzt ein, wozu das Kainszeichen da war? Denk doch nur einmal darüber nach, was sonst geschehen wäre: das Morden hätte einfach nicht mehr aufgehört, ein Mord hätte den andern ergeben, ein Unrecht das andre gezeugt –, wenn man immerfort Gleiches nur mit Gleichem heimgezahlt hätte. Nein! Endlich einmal soll die Kette des Bösen abgerissen werden!! Wir wollen nicht wieder und immer wieder Unrecht mit Unrecht vergelten, Haß mit Haß erwidern und Gewalt mit Gewalt! Die Kette, Paul, die ... Kette – das ist es! Die muß endlich gesprengt werden ... *(sinkt zurück, auf die Bretter).*

PAUL: Ist dir schlecht?

FRANZ: Ja – ein wenig.

PAUL: Laß sehen – du bist so blaß. Bleib ein bissel liegen. Und ich laß dich jetzt in Ruhe. Aber wenn du was brauchst, dann ruf mich sofort. Ich muß mich jetzt ohnedies um den Ernst kümmern. Der macht's eh' nimmer lang.

FRANZ: Hast recht.

PAUL: Ernst, wie geht's?

ERNST *(er besonders in der etwas lallenden Sprache halbverhungerter Menschen):* Danke, schlecht. *(Sachlich)* Morgen könnt ihr mich abschreiben.

PAUL *(gekünstelt):* Unsinn. So schlecht beinand wie du war ich schon oft.

ERNST: Ich sag, was ich sag, und ich weiß, was ich sag. Aber ich geb zu, es ist komisch – zu wissen: jetzt bin ich, und morgen bin ich nicht. Oder wo bin ich morgen?

SPINOZA: Solang die da unter »wo« einen Ort im dreidimensionalen Raum verstehen, werden sie nicht klug werden und ist ihnen nicht zu helfen.

KANT: Und *ich* behaupte, es ist besser, sie wissen *nicht* alles. Wüßten sie alles, dann müßten sie sich nicht erst entscheiden für das scheinbar Sinnlose, eben für das, was nur irgendwo ist, aber nie hier oder dort – wo sie es sehen und greifen könnten.

SOKRATES: Es ist genug, wenn sie ihren Dämon haben – die innere Stimme hab ich so genannt. Hätten sie hingegen alles schwarz auf weiß, dann hätte das ganze Spiel keinen Sinn mehr – und wir kämen nimmer auf unsere Rechnung.

MUTTER *(neigt sich über Franz):* Mein Kind, ist dir schlecht?

FRANZ *(vor sich hin):* Mutter, Mutter! Was ist los mit mir – was geschieht mit mir? *(Langsam)* Ist das der Tod?

MUTTER: Ich weiß nicht – und wüßt ich's, ich dürft es dir nicht sagen.

KARL: Wart ruhig ab, Franzl. Wir sind bei dir – hab keine Angst.

FRANZ: Karl, wär ich nur schon bei dir!

KARL: Franzl, *ich* bin bei dir.

MUTTER: Er hört dich nicht – er hört uns nie. Hast du es denn noch nicht heraus?

KARL: Gerade das tut mir so weh, Mutter.

MUTTER: Man gewöhnt sich. Es dauert nicht lange.

KARL: Für ihn schon.

MUTTER: Auch nicht. – Sobald er bei uns ist, ist alles nicht mehr der Rede wert.

FRANZ: Ich soll sterben? Wie schön! Ich hab mich immer gefürchtet davor – jetzt weiß ich aber, wie das ist. *(Verklärt)* Ich komme euch nahe – allen. Allen Dingen ...

SPINOZA: Stirbt er, Herr Professor?

KANT: Man müßte sich erkundigen.

SOKRATES: Ich glaube, der daneben *(auf Ernst weisend)* ist dran. Meinen Sie nicht auch, Herr Professor?

KANT: Was wissen *wir?*

FRANZ: Oder ist das noch nicht der Tod? Soll ich noch hoffen? Werde ich meine Arbeit fertig machen dürfen – meine große Arbeit, die unvollendete? Das Theaterstück *(wehmütig),* das ich immer schreiben wollte. Die Notizen sind fort – hingeworfen im Brausebad in Buchenau. Mutter – Karl! Ihr wißt, wie mich das getroffen hat. Wißt ihr es? Und jetzt soll ich nicht einmal mehr die Hoffnung haben können, es zu vollenden, das Stück? *(Übermannt, schmerzlich)* Nicht einmal ein Bruchstück bleibt – nichts bleibt von mir! Morgen vielleicht bin ich ebenso ein Nichts wie heute du, Karl, und vielleicht die Mutter.

KARL: Mutter, kannst du ihn nicht beruhigen, kannst du ihn nicht trösten?

MUTTER: Wie denn? Er sieht uns nicht, er hört uns nicht, kein Mensch versteht etwas von dem, was wir denken ...

Find dich doch drein! Sie müssen ihren Weg zu Ende gehen, allein, jeder für sich. Niemand und nichts kann ihnen helfen – das ist es ja, worauf es ankommt: daß sie sich allein zurechtfinden.

KARL: Das also ist es, was wir Leben nannten?

MUTTER: Das ist es – soweit wir es jetzt schon begreifen.

FRANZ: Aber ich will tapfer sein – einmal im Leben, dieses eine Mal. – Im Leben, sag ich? Im Tode, meine ich! Ja! Mutter – Karl – Herr! Ich will tapfer sein! Ich – will – verzichten! Jawohl: ich verzichte, auf die Vollendung – die Vollendung meines Theaterstücks!

SPINOZA: Haben Sie ihn gehört ? Er verzichtet – auf die Vollendung des Stücks.

SOKRATES: Und gewinnt damit die Vollendung seiner selbst – zu einem Ganzen ...

KANT: Sie werden sehen, Baruch, so ist es!

FRANZ: Der da neben mir – der wird nicht sterben – ich bin es, der sterben muß. *(Und jetzt laut)* Paul?

PAUL: Ja – gibt's was? Was ist los, Franz?

FRANZ: Komm einmal her! Wie geht's dem daneben? Besser, was?

PAUL: Ja – warum denn, merkst du's von deinem Brett aus?

FRANZ: Ich hab's gemerkt – irgendwie weiß ich's. Wirst sehen, er übertaucht's!

PAUL: Mag sein – fast sieht es so aus. Aber du – wie geht's dir? Ist dir jetzt auch schon besser, Franz?

FRANZ: Ja – und nein – wie man's nimmt.

PAUL: Schau dazu! Nur durchhalten bis morgen. Morgen gibt's wieder Suppe, wirst sehen. Gute heiße Suppe – vielleicht schwimmt gar eine große Kartoffel drin!

FRANZ: Vielleicht – vielleicht auch nicht – – vielleicht überhaupt nichts ...

PAUL *(spöttisch):* Hungerdelir – mir scheint's?

FRANZ: Laß mich!

PAUL *(hin zu Ernst).*

FRANZ: Nichts – gar nichts. Das also ist der Mensch – und das bin ich. Und trotzdem! *(Richtet sich auf)* Irgend etwas – *ist* der Mensch – und bin vielleicht auch ich – und das schwebt – und das läßt sich nicht fassen – aber man muß es *wirklich* machen – darauf kommt es an: irgendwie es greifbar zu machen – im Leben – im Sterben – – Herr, laß mich sterben – ich bin bereit, es greifbar zu machen!

FRITZ *(sieht den grübelnden Franz):* Was ist der so still, der Franz? Kein Wort hört man von ihm – und sonst ist er immer einer der lautesten und redet fortwährend und philosophiert und spintisiert und spricht und spricht –

PAUL: Kusch, blödes Schwein! Es geht ihm nicht gut.

FRANZ: Mir geht es gut. O, wie gut. Ich bin den Dingen nahe, und dir, Mutter, und dem Karl, und der Wahrheit – *(ekstatisch)* und der Vollendung dieses Stückes, das sich Leben nennt! Herr, ich bin nahe daran – du weißt es. So hilf mir weiter – daß ich es berühre ... Nicht den dort drüben, *mich* nimm hin – ich will zu dir. Nimm mich hin für ihn – ich geb' mich hin für ihn – ich will ihnen nahe sein, den Dingen, der Mutter, dem Karl –, dir. Nimm *mich – nimm* mich, Herr! Du weißt es – es *ist so* weit: Ich verzichte – ich verzichte auf das Stück und seine Vollendung – *jetzt,* jetzt *bin* ich so weit – so nahe den Dingen, so nahe dir, und jetzt weiß ich es: dieses Bruchstück von einem Leben wird ganz, wenn ich es lasse – wenn ich es hingebe ... Nimm das Leben – nimm es an, das Opfer – für sie – für die andern – auch für den dort drüben, meinetwegen.

Denn ich weiß, er will noch leben, ihm liegt daran, und seiner jungen Frau zuhause. Ich aber habe verzichtet – jetzt hab ich es wirklich, du weißt es, Himmel!

PAUL *(hat sich über Ernst gebeugt):* Ernst, was ist dir? Was ist los?! So rühr dich doch!

FRITZ: Der rührt sich nimmer, blöder Kerl. Der ist doch mausetot.

PAUL: Mir scheint, du hast recht. Heinz, Gustl! Kommt's her – packt die Leiche und schmeißt sie vor die Tür – die Luft hier ist schlecht genug. *(Leise)* Und nehmt euch von mir aus, was er in den Taschen hat. Der Rock ist auch nicht der schlechteste – deiner ist ärger, Gustl. Tausch eure Röcke aus! *(Alles geschieht; die Leiche wird über den Boden geschleift und vor der Barackentür liegen gelassen.)*

PAUL *(wendet sich wieder Franz zu).*

FRANZ: Was – der ist tot? Himmel!

PAUL: Wie geht's denn *dir?*

FRANZ: – das gibt's doch gar nicht!

PAUL *(kopfschüttelnd):* Noch immer im Delir?

FRANZ: Er hat es nicht angenommen, der Himmel.

PAUL: Du phantasierst ja!

FRANZ: Er hat's nicht angenommen, das Leben, das Opfer – ich bin ihm zu dreckig – o, ich bin unwürdig!

MUTTER: Du sollst nicht so sprechen, Franzerl.

FRANZ: Karl war würdiger.

KARL: Wir warten auf dich.

MUTTER *(zu Karl):* Ich werde noch einmal reklamieren gehen.

KANT: Das dürfen Sie nicht, Frau!

SPINOZA: Warum soll sie nicht wieder eine Eingabe machen?

SOKRATES: Das verstehen Sie nicht. Sie darf einfach nicht!

KARL: Diesmal werde eben ich reklamieren!

SCHWARZER ENGEL *(kommt von rechts):* Ich dachte auch, ich darf den Franz holen. Aber es ist im letzten Moment anders disponiert worden.

KARL: Kann ich jetzt nicht mehr reklamieren?

ENGEL: Nein. – Es ist zu spät.

KARL *(bettelnd):* Wir wollten ihn doch so gern bei uns haben.

ENGEL: Bleibt halt bei ihm!

MUTTER *(resigniert):* Komm, Karl, wir werden nichts ausrichten. Bleiben wir bei ihm – solange es gefällt ...

ENGEL: Jetzt kommt *der* mit mir *(weist vor die Türe, hält dann inne),* aber so geht das nicht *(ab nach rechts).*

UNTERSCHARFÜHRER *(kommt links herum; von draußen in die Baracke brüllend):* Schweinebande, elendige! So schmeißt man die Leichen vor die Tür? Blockältester!

PAUL: Hier, Herr Unterscharführer!

UNTERSCHARFÜHRER: Fort mit der dreckigen Leiche – schmeißt sie in den Splittergraben, aber nicht vor die Tür!

PAUL *(verlegen, entschuldigend, stotternd):* Unsere Leute sind so schwach ...

UNTERSCHARFÜHRER *(ohrfeigt ihn):* Ich werd dir schon zeigen »zu schwach« – geht's jetzt? Du Hund, vermaledeiter? *(Drei Häftlinge schleifen die Leiche hinter die Baracke; Unterscharführer ab.)*

SCHWARZER ENGEL *(kommt von rechts; zu den Philosophen):* Solche Geschäfte! Nichts als die Leute quälen. Aber der Karl, der war prächtig. Er hat nicht nachgegeben!

KANT: Kommen Sie einmal her, Karl!

KARL: Bitte, meine Herren?

KANT: Kennen Sie den Herrn da?

KARL: Ich wüßte nicht woher.

ENGEL: Ich war der Mann, der Sie quälen mußte – der Sie erschlagen hat.

KARL *(affektlos)*: Ach so –

MUTTER: Karli, bedank dich bei dem Herrn – er hat es gut gemeint – er hat in höherem Auftrag gehandelt. Er hat dich zu mir gebracht!

KARL *(verneigt sich kurz)*: Ich danke Ihnen, mein Herr.

ENGEL: Mir? Sie haben doch gehört: über Auftrag ...

KARL: Trotzdem. Aber komisch – wenn man mir das damals gesagt hätte ...

SOKRATES: Gelt? Da hätten Sie Augen gemacht?

SPINOZA: Man würde die Menschen ja nur verwirren.

KANT: Sie kommen mit der Zeit von selber drauf, auf alles ...

ENGEL: Mit der Zeit? Mit der Ewigkeit!

MUTTER: Ich bin auch jetzt noch zu dumm, um alles zu begreifen.

KANT: Wir sind alle noch nicht fertig, liebe Frau. Wir alle nicht – noch spielen wir ...

MUTTER: Wenn ich nur schon alle beisammen hätte – wenigstens die beiden Buben.

KARL: Komm, Mutter, inzwischen wollen wir dem Franzl beistehen.

ENGEL: Beistehen – das können Sie nicht. Sie dürfen einstweilen nur bei ihm sein.

MUTTER: Ich bin Ihnen ja so dankbar, schon dafür ...

ENGEL: Seien Sie getrost – wir brauchen ihn nur noch eine Weile – dort ...

MUTTER: Wo denn?

ENGEL: Hier.

KARL: Was meint er?

KANT: Auf der Bühne.

ENGEL: Im Leben.

FRANZ: Wozu?! Wozu soll ich weiterleben – jetzt – so?!

SPINOZA *(zum Engel):* Kann man es ihm nicht begreiflich machen?

ENGEL: Er muß von selber drauf kommen – sonst ist ihm nicht zu helfen.

FRANZ: Ist *das* die Gnade? Gnade wäre der Tod gewesen. Aber das Weiterleben? Wozu soll ich es überleben – dieses Sterben?!

ENGEL: Lassen Sie ihn nur – er wird schon draufkommen.

KARL: Sagen Sie es wenigstens uns!

ENGEL: Fragen Sie die Herren da.

KANT: Wir brauchen ihn noch eine Weile.

MUTTER: Aber wozu, meine Herren?

SOKRATES: Er muß ein Stück schreiben – sein Stück vollenden und niederschreiben.

KARL: Er hat es doch schon gelebt, zu Ende gelebt – zu einem Ganzen gelebt!

SPINOZA: Das Protokoll ist aber noch nicht fertig.

MUTTER: Was für ein Protokoll meint er, Karl?

KARL: Das Stück, das wir hier aufführen – jetzt – auf dieser Bühne!

MUTTER: Ich kenn mich nicht aus.

KARL: Ich auch nicht, Mutter.

SOKRATES: Sie werden uns später verstehen – nachdem der Vorhang gefallen ist.

SPINOZA: Warten Sie nur noch einen Augenblick; gleich ist es aus, gleich ist es so weit.

FRANZ: Paul!

PAUL: Ja – geht's dir nun besser?

FRANZ: Lach mich nicht aus – aber einer soll es hören, und du sollst es wissen: ich hab mir jetzt etwas gelobt.

PAUL: Und das wäre?

FRANZ: Ich will alles besser machen. Ich bin verurteilt – zum Leben verurteilt.

PAUL: Sei kein Narr.

FRANZ: O ja, glaub mir. Ich bin verurteilt, zum Weiterleben, zum Fortführen dieses Drecklebens. *(Fast feierlich)* Aber es soll kein Dreckleben bleiben: ich will es fruchtbar machen, und ich werde vollenden, was ich begonnen habe, und nicht früher werde ich enden – jetzt weiß ich es.

PAUL: Du redest irre.

FRANZ: Ich weiß, was ich rede, und ich weiß nun auch, was ich zu tun habe.

KARL: Er meint das Theaterstück – weißt du, Mutter, das unvollendete, das er wegwerfen mußte im Lager Buchenau, als er hinkam. Damals hab ich ihn zum ersten und zum letzten Mal weinen gesehen.

MUTTER: Mein armer Junge.

KANT: Verstehen Sie jetzt, was gespielt wird?

MUTTER: Ich fang an, zu verstehen ...

KARL: Jetzt wird mir alles klar.

ENGEL: Also geduldet euch bis dahin, ihr beide, und Sie, meine Herren, Sie wissen, was Sie zu tun haben.

KANT: Jawohl, wir wissen es.

SCHWARZER ENGEL *(ab nach rechts).*

SPINOZA: Was meint er denn bloß?

SOKRATES: Wir haben abzutreten.

SPINOZA: Warum? Auf einmal?

KANT: Wir sind nun überflüssig.

SPINOZA: Ach so – sub specie aeternitatis, unter dem Gesichtswinkel unserer Ewigkeit und Gleichzeitigkeit, wird jetzt nicht mehr weitergespielt?

SOKRATES: Sie haben es erfaßt – *Sie* natürlich auf lateinisch.

SPINOZA: Tun Sie nicht so als ob ... Ich hab wenigstens in zwei Sprachen geschrieben: lateinisch und hebräisch; Sie aber überhaupt nicht – Sie haben ja nur geredet, und *das* nur griechisch.

KANT: Streiten Sie nicht, meine Herren! Nochmals: wir sind überflüssig geworden.

SOKRATES: Für den Moment zumindest.

SPINOZA: Schön, dann gehen wir.

KANT: Einen Augenblick noch – hören Sie sich das einmal an!

PAUL *(zu Franz):* Also schau, daß du schlafen kannst. Ich leg mich jetzt auch – vielleicht geht's. Fein wär's, den Hunger zu verschlafen. Aber ich fürchte, ich träume dann nur erst recht vom Fressen.

FRANZ: Wenigstens träumst du davon.

PAUL *(ab auf seinen Platz).*

FRANZ: Mutter – Karl – Herr – jetzt bin ich allein – allein mit euch. Und jetzt verspreche ich euch, den Auftrag zu erfüllen, den ich – vielleicht mir nur einbilde. Aber Einbildung oder nicht – diese Frage läßt sich nur entscheiden im Handeln, durch mein Tun. Wir werden ja sehen ...

SPINOZA: Er meint das Theaterstück, das er niederschreiben soll?

SOKRATES: – und das wir hier soeben gespielt haben: unser Protokoll.

KANT: Gehen wir, meine Herren?

SPINOZA *(zu Sokrates):* Und Sie glauben, die Leute verstehen das alles?

SOKRATES *(achselzuckend):* Wir haben getan, was wir konnten.

SPINOZA: Sie werden schon sehen, die Menschen werden sagen, es ist alles nur Schein. Sie werden es abtun als Theater, als Kulissenwirklichkeit, als Erscheinung.

SOKRATES: Und?

KANT: Was die Leute hier hören und sehen, *kann* nur theatralische »Erscheinung« sein. Denn würden wir ihnen die Wahrheit »an sich« zeigen, dann würde ihnen Hören und Sehen vergehen – glauben Sie mir das, lieber Baruch.

SPINOZA: Ich *muß* glauben.

*(Die Philosophen gehen nach rechts ab.)*

FRANZ: – ich muß *glauben! (Richtet sich von seinem Lager auf, während alle andern schlafen oder sich unruhig wälzen).* Und ich glaube! An mich! – An dich, Mutter! – Mutter!

MUTTER: Ja, mein Kind ...

FRANZ: Karl!

KARL: Schon recht, Franzl ...

FRANZ: Herr!

*(Lautlose Stille – Vorhang)*

# Weitere Werke von Viktor E. Frankl

*Ärztliche Seelsorge.* Grundlagen der Logotherapie und Existenzanalyse. Deuticke im Zsolnay Verlag, Wien 1997. Neuauflage 2005–2007, Zsolnay und dtv. In dieser Auflage erstmals ergänzt durch: Zehn Thesen über die Person.

*Die Psychotherapie in der Praxis.* Eine kasuistische Einführung für Ärzte. Franz Deuticke, Wien 1982; und Piper, München 1997

*Der unbewußte Gott.* Psychotherapie und Religion. Kösel-Verlag, München 1994; und dtv, München 2009

*Theorie und Therapie der Neurosen.* Einführung in Logotherapie und Existenzanalyse. Uni-Taschenbücher 457, Ernst Reinhardt, München-Basel 2007

*Psychotherapie für den Alltag.* Rundfunkvorträge über Seelenheilkunde. Herder, Freiburg im Breisgau 2000

*Der Wille zum Sinn.* Ausgewählte Vorträge über Logotherapie. Hans Huber, Bern-Stuttgart-Wien 2005

*Der leidende Mensch.* Anthropologische Grundlagen der Psychotherapie. Hans Huber, Bern, 2005

*Das Leiden am sinnlosen Leben.* Psychotherapie für heute. Herder, Freiburg im Breisgau 2009

*Der Mensch vor der Frage nach dem Sinn.* Eine Auswahl aus dem Gesamtwerk. Vorwort von Konrad Lorenz. Serie Piper 289, München 2008

*Die Sinnfrage in der Psychotherapie.* Vorwort von Franz Kreuzer. Serie Piper 214, München 1997

*Logotherapie und Existenzanalyse.* Texte aus sechs Jahrzehnten. Psychologie Verlags Union, Weinheim 1998; Beltz Taschenbuch 2005

*Was nicht in meinen Büchern steht.* Lebenserinnerungen. Psychologie Verlags Union, Weinheim 2002

*Zeiten der Entscheidung.* Herausgegeben von Elisabeth Lukas. Herder, Freiburg im Breisgau 2000

*Der Seele Heimat ist der Sinn.* Logotherapie in Gleichnissen von Viktor E. Frankl. Zusammengestellt und kommentiert von Elisabeth Lukas. Kösel-Verlag, München 2007

*Bergerlebnis und Sinnerfahrung.* Mit Bildern von Christian Handl. Tyrolia, Innsbruck-Wien 2008

*Frühe Schriften 1923–1942.* Herausgegeben von Gabriele Vesely-Frankl. Maudrich, Wien 2005.

*Gesammelte Werke, Teilband 1: ... trotzdem Ja zum Leben sagen / Ausgewählte Briefe 1945–1949.* Herausgegeben von A. Batthyany, K. Biller und E. Fizzotti. Böhlau, Wien 2005

*Gesammelte Werke, Teilband 2: Psychologie des Konzentrationslagers / Synchronisation in Birkenwald / Ausgewählte Texte 1945–1993.* Herausgegeben von A. Batthyany, K. Biller und E. Fizzotti. Böhlau, Wien 2006

*Gesammelte Werke, Teilband 3: Die Psychotherapie in der Praxis / Und ausgewählte Texte über angewandte Psychotherapie.* Herausgegeben von A. Batthyany, K. Biller und E. Fizzotti. Böhlau, Wien 2008

*Viktor E. Frankl und Pinchas Lapide: Gottsuche und Sinnfrage.* Gütersloher Verlagshaus, Gütersloh 2007

# Über den Autor

Viktor E. Frankl war Professor für Neurologie und Psychiatrie an der Universität Wien, zugleich Professor für Logotherapie an der US International University in San Diego (Kalifornien). Er war Begründer dieser Logotherapie oder, wie sie von einzelnen Autoren ebenfalls genannt wird, der »Dritten Wiener Richtung der Psychotherapie« (nach der Psychoanalyse und der Individualpsychologie). Frankl hatte aber auch Professuren an der Harvard University, an der Stanford University und an Universitäten in Dallas (Texas) und Pittsburgh inne. Vortragsreisen führten Frankl nach Amerika, Australien, Asien und Afrika. Allein nach Amerika unternahm er 94 Vortragsreisen. Die Österreichische Akademie der Wissenschaften wählte ihn zu ihrem Ehrenmitglied.

Frankls 32 Bücher sind in 34 Sprachen übersetzt worden – einschließlich chinesisch und japanisch. Die amerikanische Version des vorliegenden Buches, erschienen unter dem Titel »Man's Search for Meaning«, wurde in mehr als neun Millionen Exemplaren verkauft und von der Library of Congress in Washington als »one of the ten most influential books in America« bezeichnet (eines der zehn einflußreichsten Bücher in Amerika). Frankls erste Publikation aber erschien bereits 1924 in der »Internationalen Zeitschrift für Psychoanalyse«, und zwar auf eine ausdrückliche Empfehlung von Sigmund Freud hin.

In aller Welt wurden ihm 29 Ehrendoktorate verliehen, 1976 wurde er zum Ehrenbürger der Hauptstadt von Texas ernannt. 25 Jahre hindurch war Professor Frankl Vorstand der Wiener neurologischen Poliklinik, und seit ihrer Gründung war er Präsident der Österreichischen Ärztegesellschaft für Psychotherapie. Er starb am 2. September 1997 in Wien.